Inhalt

Das Meer

Die dreijährige Sadie sagt, »Dadda spricht mit den Augen«. Sprachcomputer mit Augensteuerung klingt weit weniger romantisch. »Ich frag seine Augen«, sagt sie, wenn sie etwas will. »Er liebt mich!«, ruft sie, als habe er sie mit einem Geschenk überrascht. Das Geschenk der Liebe ist die Gabe, die wir von ihm bekommen. Grimmig halte ich daran fest. An seinem überwältigenden Herzen.

Mein Mann versetzt mich in Staunen, aber er ist schwer zu finden. Ich suche unser Haus nach ihm ab. Er atmet durch einen Schlauch in seinem Hals. Er spürt alles, aber er kann keinen Muskel bewegen. Ich liege auf seiner Brust und zähle die mechanischen Atemzüge. Ich halte seine Hand, doch er erwidert den Griff nicht. Das einzige Fenster, das uns bleibt, ist sein hin und her schießender Blick. Ich werde nicht aufhören zu suchen. Das fordert sowohl meine Seele ein als auch seine. Simon hat ALS, eine Motoneuronerkrankung, aber das ist nicht das eigentliche Dilemma, jedenfalls heute nicht. Tapfer bleiben.

Ich sitze in Wicklow in meinem Auto und blicke auf den Hafen hinaus. Ich sehe den Masten der Jachten beim Tanz zu. Ihre Köpfe schaukeln vor und zurück und begleiten tschilpend Joni Mitchell im Autoradio.

Der Hafen von Wicklow ist hübsch. Er ist ausladend und voller Blautöne. Das Panorama erstreckt sich höher und weiter als in Greystones. In diesem Augenblick habe ich das Gefühl, dort nicht atmen zu können, also kommt mir Wicklow entgegen. Vielleicht ist Greystones ja wie jede große Liebe. Entweder bewunderst du jenen vertrauten Tanzschritt und nimmst ihn mit jeder Pore auf, oder aber du stolperst – so wie heute – über die vertrauten Schwellen und ärgerst dich maßlos darüber. Zu klaustrophobisch – eine Ratte im Käfig, ein Aufzug ohne Alarmknopf.

Und das ist das Dilemma. Mein Haus ist voller Fremder. Ich habe es farbenfroh gestrichen und mit Liebe umgeben, doch in beängstigend kurzer Folge kommen Fremde herein. Wohlmeinende Mohammeds bereiten Tee. Unendlich viele Helens, Marys, Jackies und Michaels, Deirdres, Claires, Sams, Franks und Graces lächeln und stellen den Wischmopp an seltsamen Orten ab. Ich weiche ihnen im Flur und vor der Geschirrspülmaschine aus. In unserem Haus drängen sich Schwestern und Pfleger, und sie fügen mir Schmerzen zu. Es ist nicht ihre Schuld.

Manche bleiben eine Weile, die meisten aber sind nur auf der Durchreise. Manche bleiben länger. Ich beginne sie zu mögen, und dann brechen sie mir das Herz und gehen doch. Niemand trägt Schuld daran. Sie arbeiten für eine Agentur. Manche von ihnen tragen schwere Parfums. Sie sind ein Angriff auf olfaktorische Sensoren, von deren Existenz ich nicht einmal wusste. Irrationaler Hass überkommt mich, weil sie schuld sind, dass mein Haus nach *ihnen* riecht. Die meisten rauchen, doch dieser Geruch stört mich nicht. Wenigstens ist es ein universeller Geruch, so wie Feuer oder Spüli, Persil oder Benzin. Viele von ihnen unternehmen den Versuch, unser Zuhause in ein Krankenhaus umzuwandeln, und wie ein Tiger kämpfe ich mit gefletschten Zähnen dagegen an.

Irgendwann gehen sie alle – außer Marian. Marian glaubt an Engel und Blutmonde. Sie lässt sich ausschließlich von ihren Gefühlen leiten, und jeder gute Tag beginnt mit ihr als Nachtschwester. Gemeinsam trinken wir im Morgengrauen Tee. Ich wünschte, ich würde an Engel glauben. Marian ist davon überzeugt, dass alles einen tieferen Sinn hat und die Menschen von Farben und einer positiven oder negativen energetischen Aura umgeben sind.

Wenn du lange genug mit ihr zusammen bist, lachst du entweder, oder du weinst oder auch beides, und im Schatten an den Wänden erkennst du beinahe die Silhouette von Engelsflügeln. Sie ist, ganz klar, mein Engel. »Ich gehe nirgendwohin«, hat sie einmal zu mir gesagt. »Ich bin für dich da.« Ich blicke ihr in die Augen und glaube ihr.

Letzte Nacht gab es einen Blutmond, und das Meer ist aufgewühlt. Mein Gemüt ist aufgewühlt. »Der Vollmond bekommt während einer Mondfinsternis einen roten Schimmer«, sagt Marian. »Also nimm dich in Acht.« Blutmonde sind die Sache von Mondsüchtigen, Träumern und Marian. Für sie ist der Nachthimmel das Reich großer Gefühle und Romantik. Ich hatte nie zuvor davon gehört, also lausche ich ihr aufmerksam. »Wir bestehen zu achtzig Prozent aus Wasser«, sagt Marian. »Deswegen werden wir vom Mond und den Gezeiten beeinflusst.« »Deswegen springe ich ins Meer«, sage ich. Ich bemühe mich, ein Zuhause zu finden, ein Zuhause zu schaffen, ein Zuhause zu sein für meine fünf Kinder. Manchmal gelingt es mir, und manchmal scheitere ich.

Es gibt Menschen, die verstehen, dass die kleinen Dinge einen Unterschied machen. Ein schöner Füller, der geschmeidig auf dem Papier dahingleitet. Heißer Kaffee in einer ganz bestimmten Tasse. Diese Dinge sind von Bedeutung, wenn deine Seele am Abgrund steht. Dieses Leben höhlt dich aus. Meine Suche nach Simon ist ein einsames Unterfangen. Ich hoffe, dass auch er nach mir sucht. Eine große Liebe hat mich ans Meer geführt, und ich versuche, tapfer zu sein. Das ist wichtig, wenn deine Seele gerade der Rettung bedarf.

Wir haben vieles verloren. Manchmal aber finde ich meinen Mann: die Lippen an der Rundung seiner Schläfe, eine kleine Nische in seiner Armbeuge, in der ich mich verkrieche. Manche Dinge verliert man und findet sie wieder. Ich schicke ihm Liebesbotschaften per E-Mail, und er schreibt mir E-Mails zurück. Die Flutwelle eines irren Mondes. Von einem Bildschirm zum anderen halten wir uns endlich an den Händen. Zwei Seelen. Es ist ein wundervoller, vertrauter Tanz. Große Lieben sind etwas für die Tapferen.

Meine Bucht

Ich muss Ihnen ein Geheimnis verraten. Das hier ist meine Bucht. Wirklich, sie gehört tatsächlich mir. Das sagt eine alte Dame, die eines Tages auf einem geblümten lila Fahrrad angerollt kommt. Da stehen wir mit unseren Badekappen, meine Freundinnen und ich. Drei Frauen in dieser Bucht namens Ladies' Cove, in Greystones im County Wicklow, dort, wo die Stufen ins Meer führen. Da stehen wir an einem sonnigen Apriltag und laufen ein wenig blau an. Die Luft ist warm, doch wir vom Geheimclub der Ganzjahres-Schwimmer wissen, dass die Sonne trügerisch ist. Um diese Jahreszeit ist das Meer saukalt. Schlimmer als an Weihnachten.

Wir versuchen, tapfer zu sein. »Es ist meine Bucht«, sagt die alte Frau, als sie einen Fuß auf den Boden setzt und sich für einen Plausch in Stellung bringt. Wir wollen uns nicht unterhalten, wir wollen ins Wasser springen, aber sie macht keine Anstalten weiterzugehen. Sie ist einsam und will mit uns reden, weiter nichts. Eines Tages möchte ich diese alte Frau sein. Ich würde mich glücklich schätzen, auf diese Weise alt zu werden, mit ihrem geblümten Fahrrad und dem Wind im Haar, und will wie sie dem Wunsch nach einem Gespräch dann nachgeben, wenn ich es nötig habe. Manche alte Frauen sind in dieser Hinsicht großartig. Ich will sie sein, denn, ganz klar, das hier ist nicht ihre Bucht. Die Bucht gehört mir.

Am Strand sammle ich Steine. Meine Lieblingsstücke sind die grauen Steine voller Löcher. Das Meer hat die Löcher hineingewaschen; jeder Stein ist anders und wunderschön. Auf dem Heimweg klimpern sie in meiner Tasche, und ich arrangiere sie auf dem Fensterbrett.

Meine Schwimmfreundin hat eine Cousine, die jene besondere Seelenruhe ausstrahlt, die so heilsam auf einen wirkt. Eine gemeinsame Tasse Tee im Sonnenschein auf der Terrasse verrät mir, dass ich kein gelassener Mensch bin. Ich sehne mich nach ihrer Gemütsruhe. Wir unterhalten uns über eine Frage der westlichen Welt, vielleicht auch eine universelle Frage: das Dilemma, wo man leben soll.

Im Kern unserer Familie steckt Liebe, wo aber soll man mit dieser Liebe Wurzeln schlagen? Ein erschwingliches größeres Haus auf dem Land oder eine Stadt in akzeptabler Pendelentfernung? Oder soll man da bleiben, wo man Leute kennt, in einem kleineren Haus, das aus allen Nähten platzt? Die besonnene Cousine meiner Freundin unterbricht das Gefasel. »Such dir deine Sippe«, sagt sie. »Es ist wichtiger, dass du die richtigen Leute um dich herum hast, als die Frage, in was für einem Haus du wohnst. Überleg dir, ob du deine Sippe gefunden hast, und entscheide danach.« Ich denke, sie hat recht.

Die Bucht ist meine Welt, und sie gehört mir. Meine Kleinen stehen mit durchweichten Schuhen am Ufer, schlittern über die nassen Steine und jauchzen, als ihre Momma sich in ihr Seelenheil stürzt. Doch, diese Bucht gehört mir, und das Meer ist meine Erlösung. Mit Wucht holt es meinen Körper ins Leben zurück, während der Regen an einem diesigen, romantischen Tag auf die Wasseroberfläche prallt.

An anderen Tagen bleibt mir nur zu weinen. Es ist peinlich, wenn du im geparkten Auto einen Zusammenbruch erleidest. Ein Mann kommt in genau jenem Augenblick auf dem Gehsteig vorbei, als ich die Fassung verliere.

Abrupt drehe ich mich weg. Oh, die Scham. Die Angst, dass jemand diesen Schmerz mitansieht, während man sich beim Abholen der Kinder von der Schule in sicherer Routine wähnt.

An dem Tag kriege ich das Gefühl nicht los, in einem geplünderten Haus voller Fremder zu sein. Ich weine um all die Dinge, die wir, mein Mann und ich, verloren haben. Ich spielte mit dem Gedanken, aus dem Auto zu steigen, in den Regen hinaus. Aussteigen und im Regen ans Meer gehen, zu den Stufen hinunter in die Bucht. Einfach ins Wasser gehen, in meiner Winterjacke strampeln und nicht wieder auftauchen.

Wegen der fünf schlafenden Schönheiten zu Hause könnte ich das niemals tun. Meine fünf wunderschönen Kinder. Jack, zehn Jahre alt, hat immer noch samtene Wangen. Der achtjährige Raife sieht seinem Vater geradezu unheimlich ähnlich. Mit seinen sieben Jahren ist Arden ein Wirbelwind, der nach seinen eigenen Regeln tanzt. An den vierjährigen Zwillingen ist noch nichts Endgültiges. Hunters grüne Augen überraschen mich jeden Tag aufs Neue. Und näher als im Schwung von Sadies Locken bin ich einem Gott nie gekommen.

Eines Tages besetzten ein paar Leute unsere Bucht, eine Gruppe Touristen, die verkündeten, sie würden in Kleidern ins Wasser springen. Entsetzt starrte ich die Frau in ihrer schweren Winterjacke an und erinnerte mich daran, wie ich vor nicht allzu langer Zeit selbst mit dem Gedanken gespielt hatte hineinzuspringen. Hier aber handelte es sich um kein tragisches Virginia-Woolf-Vorhaben mit Steinen in der Tasche. Sie kreischten und lachten.

»Sind sie betrunken?«, fragte ich flüsternd meine Schwimmfreundin.

»Nein, ich denke, sie sind einfach nur Amerikaner«, antwortete sie aufrichtig, und wir beide bekamen einen Lachanfall. Sie wirkten wie fröhliche Einfaltspinsel, als kämen sie direkt vom YMCA. War es ein religiöses Reinigungsritual? Immer wieder musterte ich die bauschige Winterjacke der Frau und stellte mir vor, wie sie mit dem Seetang hinuntergezogen würde. Vom Strand aus stapften sie ins Wasser, die Arme triumphal nach oben gereckt, und kamen in Johannes-der-Täufer-Manier wieder heraus.

An einem anderen Tag aber stand ich am Ufer und weinte. Meine Füße auf der untersten Stufe waren unter Wasser, und ich wackelte mit den roten Zehen und schluchzte. Meine Schwimmfreundin war da, um mich in den Arm zu nehmen. Das Meer war unruhiger, meine Seele hingegen gefasster und erfrischt, als ich die Stufen wieder hinaufkletterte. Wir mögen aus achtzig Prozent Wasser bestehen, Marian, aber ich denke, meine Gefühle sind für mich selbst so rätselhaft wie das Auf und Ab des Meeres. Ich weiß nur, dass ich diesen Ort niemals verlassen könnte. Die Bucht ist meine Sippe, und die See erlöst mich.

Hier in der Bucht versammeln wir uns: die Verlorenen, die Glücklichen, die Einsamen, die Jungen. Die alte Frau auf dem lila Fahrrad, eine Braut, die in blauen Glitzerschuhen für die Kamera posiert. All die Spaziergänger und Grübler mit Labradoodles und Pudeln, Bichons und Möpsen. Jeden Morgen sammelt eine Frau Strandglas am Ufer und stapft im Rhythmus, der aus ihren Kopfhörern kommt, dahin. Eine Gruppe drängt sich zusammen, um zu rauchen. Kleinkinder lachen und jagen den Wellen nach. Hunde bellen. Männer angeln. Und manche von uns schwimmen. Im Sommer kreischen die Teenager vor

Kälte und springen großspurig von hohen Felsen. Im Herbst legen abgehärtete faltige Senioren ihre gleichmäßigen Brustzüge zurück. Meistens aber bin es nur ich. Dann bin ich allein in meiner Bucht, und sie gehört mir. Komm und besuch mich. Tauch ein ins Wasser. Trau dich. Aber vergiss nicht, dass es *meine* Bucht ist. Ehrlich. Sie gehört mir.

Michelle

Eine Gruppe von Rebellen versammelt sich am 14. September 2014 am Hafen von Greystones. Der neue Jachthafen ist ein graues, mit Pfeilern versehenes Ungetüm, das halb fertig stehen gelassen wurde. Von einer Slipanlage gleiten die Boote direkt ins Wasser und hinaus aufs Meer. Die Gruppe heute hat sich nicht für ein Boot versammelt, sondern für einen Mann namens Galen. Er hat sich an einem kalten Septembertag in einen Neoprenanzug gezwängt. Zwei trojanische Helfer fassen sich an den Händen, um einen Sitz für ihn zu bilden und ihn über die Slipanlage ins Wasser gleiten zu lassen. Seine Beine sind gelähmt, doch mörderisches Training hat seine Arme extrem stark gemacht. Wie an ein Pferdegeschirr spannt er seine untere Körperhälfte an diese Arme, setzt sich in Bewegung und schwimmt wie ein sacht schaukelnder Fisch aus dem Maul des Ungetüms hinaus aufs offene Meer.

Meine Friseurin hier im Ort hat freundliche Augen. Sie bezaubert mich mit aufrichtigem Geplauder, das klingt wie ein Glockenspiel. Ich war nun schon einige Male in ihrem Friseursalon. Immer begrüßt sie mich lachend als die verrückte Frau mit den fünf Kindern. Doch sie weiß nichts von Simon. Ich mache mir Sorgen um andere Leute. Meistens erzähle ich nichts von der ALS, insbesondere Friseuren nicht. Der Schock könnte sie treffen, und sie halten eine Schere in Händen.

Heute aber bin ich in überschäumender Stimmung, und so platze ich rätselhafterweise mit Simon und der

ALS heraus. Die Schere in ihrer Hand erstarrt, und ich bemerke, wie sie Atem holt. »Wissen Sie, was?«, flüstert sie. »Sie erinnern mich so sehr an eine andere Frau, die zu mir kommt. Ihr Mann hatte einen Fahrradunfall auf der N11 und sitzt jetzt im Rollstuhl. Direkt bevor es passierte, stellte sie fest, dass sie mit ihrem vierten Kind schwanger war. Stellen Sie sich das nur vor! Es war die letzte Möglichkeit, noch ein Baby zu bekommen. Und diese Frau? Sie ist wunderschön! Und ihr Lächeln! Sie kommt mit dem Baby her, er hat langes blondes Haar und eine Haarklammer. Ich dachte, er ist ein Mädchen, er ist so hübsch!« Ich nicke und bin voller Stolz. Natürlich weiß ich das. Diese Frau ist meine Freundin. Ihr Name ist Michelle – wie eine Muschel, die man ans Ohr hält, um das Meer rauschen zu hören. Sie ist meine Schwimmfreundin.

Vor sechs Jahren, in ALS-Maßstäben eine lange Zeit, erlebten Simon und ich einen denkwürdigen Abend. Auf der Bühne tobte und schimpfte der Komiker Tommy Tiernan aus voller Seele. Simon war wegen seiner bewegungsunfähigen Beine damals auf einen Rollstuhl angewiesen, doch sein Oberkörper war noch nicht betroffen. Wie alle anderen lachte er und redete dazwischen. Er hielt meine Hand. Tommys euphorische Augen öffnen den Blick auf einen wild-fröhlichen Wahnsinn. Er wendete sich der Rollstuhlabteilung zu. »Na, ihr da drüben in den Rollis«, knurrte er. »Kommt euch die WUT hoch. Die ganze ENERGIE. FUCK, das ist wie eine Autobatterie.« Simon brüllte vor Lachen.

Das Schwimmen im Jachthafen ist wegen der Boote nicht erlaubt, heute aber erlauben wir uns, Rebellen zu sein. Kinder hopsen über die Steine, Mütter balancieren Kinderwagen, Männer breiten Picknickdecken aus und verteilen Chipstüten. Hier handelt es sich um einen zivilisierten Regelbruch, weil wir noch einen Mann feiern wollen, der wie eine Autobatterie ist. Wir begleiten ihn ins Wasser und winken und jubeln, als er ins Meer hinausschwimmt. Er schafft den ganzen Weg um die Landzunge bis in die Ladies' Cove. Galen ist der tapfere Mann von Michelle. Es ist auf den Tag genau ein Jahr her, dass er mit seinem Rennrad auf der N11 verunglückte.

Der Ort Greystones bildet einen Halbkreis um das Meer, und wir salutieren ihm, wenn wir den Hügel von Bray hinunterfahren. Die Küstenlinie führt die Spaziergänger in die wilde Natur und dann wieder zurück ins Herz der Stadt. Irgendwie habe ich all die Jahre, die ich in Greystones lebe, das Meer gemieden. Beinahe habe ich vergessen, dass es existiert. Nur kurz habe ich ihm einen Blick zugeworfen und mich dann dem Tagwerk zugewandt.

Galens Autobatterie hat mich hierhergebracht. Sein Trotz treibt mich zu ihm ins Wasser, es ist verdammt kalt. Wir alle sind hysterisch vor Lachen. Galen verschwindet um die Landzunge, und wir wickeln uns in Handtücher und trinken heißen Whiskey. Michelle arbeitet sich durch die Menge, das neue Baby auf der Hüfte. Es ist ihr Kriegskind, und sie lächelt, doch ihr Blick ist gehetzt. Früher sind Galen und Michelle jeden Tag zusammen schwimmen gewesen, das ganze Jahr über. Selbst in hochschwangerer Herrlichkeit stürzte sie sich ins Wasser. Ihre drei älteren Kinder springen von den hohen Felsen, sie aber bleibt am Ufer und sieht schrecklich jung aus.

Es gibt einen Grund, warum Galen hinaus aufs Meer schwimmt. Er schwimmt ganz einfach, um seine Seele zu retten. Wenn dich eine Tragödie heimsucht, dann brauchst du Errettung. Du suchst nach den Augenblicken, die dich erlösen. Ich habe mich selbst so oft gerettet, dass ich völlig erschöpft bin. Galens Tragödie aber ist noch frisch. Sein Trotz ist elektrisierend. Daneben fühle ich mich alt, matt und müde. Simon ist nicht bei uns im Jachthafen. Er liegt zu Hause im Bett und beschäftigt sich mit seiner virtuellen Welt. Sein augengesteuerter Sprachcomputer funktioniert nicht im Freien, und die Reise zum Hafen ist zu beschwerlich. Seit sechs Jahren leben wir mit ALS, und ich fühle mich verbraucht.

Einfache Momente ganz für mich haben mir in diesen ALS-Jahren Erlösung gebracht. Anderen mögen diese Augenblicke lächerlich erscheinen, mir aber haben sie Stabilität gegeben. Als ich auf der Slipanlage stehe, fällt mir auf, dass sie alle im Freien waren.

Im Morgengrauen hat mich eine Gartenbank gerettet. In unserem ersten Haus im County Louth gönnte ich mir auf dieser Bank Auszeiten von den schreienden Kindern. Im Freien betrachtete ich Bäume, eine Tasse heißen Kaffee in der Hand. Ich verbringe viel Zeit damit, Bäume zu betrachten. In Greystones steht die Bank, mittlerweile rot gestrichen, vor dem Haus wie ein Leuchtfeuer, für alle Fälle.

Wäscheleinen haben mich gerettet. In unserem ländlichen Garten schnappte ich mir in Gummistiefeln Augenblicke der Ruhe beim Aufhängen der Wäsche. In der Hitze Australiens, wo wir eine Weile Urlaub machten, fiel es leichter, die Seele zu retten. Die sonnenversengte Wäscheleine war warm, und wir hatten einen Außenpool. Am strahlenden frühen Morgen fegte ich zum Saubermachen mit einem Netz über die Wasseroberfläche und tanzte in Unterwäsche um das Becken.

In den düstersten Nächten hat mich immer der Himmel gerettet. Früher, auf dem Land, riss ich die obere Türhälfte auf und stellte mich unter den weiten Sternenhimmel. In Australien übertönte das schrille Zirpen der Grillen die Dunkelheit. Und auch in Greystones schleiche ich mich nachts aus der Hintertür nach draußen und heule den Mond an.

Unser Schmerz ist nicht statisch. Er ruht niemals. Galen kanalisiert seinen Schmerz hinaus aufs Meer, um dort zu finden, was ihn retten wird. Wir wollen nichts weiter als zurechtkommen, fortbestehen, funktionieren. Wir wollen auch leben. Heute, im Jachthafen, ist Galens Augenblick.

Meine Freundin Aifric und ich streben aufeinander zu. Wir sind schon lange befreundet. Michelles Schmerz schließt uns ein. Wir spüren ihn. Wir blicken einander an und nicken. Michelle muss wieder schwimmen. Wir haben keine Wahl, wir müssen ihre neuen Schwimmfreunde sein. Es braucht keine Worte, aber Aifric und ich sind gleichermaßen vom Schreck gelähmt.

Galens Unfall war ein unmittelbarer Einschnitt mit einem denkbar gnadenlosen Messer. Bei ALS vollzieht sich der Verlust anders. Da ist es ein stetiger Verfall. Die Glieder werden schwächer. Beinahe unmerklich stellen sie ihre Tätigkeit ein. Es ist wie bei einem Kind, das vor deinen Augen aufwächst, nur umgekehrt. Als wir nach dem Schwimmen am Strand kauern, diskutieren Michelle und ich über den Unterschied zwischen diesen beiden Formen von Verlust. Zitternd vor Kälte und eingewickelt in unsere Tücher teilen wir uns oft eine Thermoskanne Tee. Was ist schlimmer, fragen wir uns. Alles in einem einzigen Moment verlieren, oder wenn es dir nach und nach genommen wird? Wir kennen die Antwort nicht, sind uns aber einig, dass es gleichermaßen beschissen ist.

Wir tun diese Dinge, weil der Schmerz nie aufhört. Der

Widerstand eines Mannes im Jachthafen kann einen Augenblick verändern. Ein einzelner Augenblick aber wird dich nicht retten. Wir alle müssen wieder und wieder und wieder gerettet werden. Galen erfährt an seinem Tag im Hafen keine Erlösung, jener Augenblick seines Unfalls aber wird neu definiert. Michelle wird nicht erlöst und ebenso wenig Aifric oder ich. Doch es formiert sich der Schwimmclub der traurigen Heldinnen.

Freunde

Meine allerbeste Freundin der Welt ist ein Baum. Hallo Baum. Sie ist eine wunderschöne Birke. Sie steht vor meinem Fenster. Im Winter rappeln ihre Äste, und im Frühling wiegen sie sich. Baum ist eine Sie, für mich muss sie es sein. Bei unserer Tasse Kaffee teilen wir tiefgründige Gedanken. »Pscht! Momma redet mit ihrem Baum!«, flüstern meine fünf Küken. Sie schleichen sich heran und kauern sich um mich, aber sie wissen, dass sie mich nicht unterbrechen dürfen. Ich habe meine Küken gut erzogen. In unserem Zuhause gehört das Tagträumen zu den wertgeschätzten Fähigkeiten. Wage es ja nicht, dabei zu stören. »Momma, du hast einen wichtigen Tagtraum kaputt gemacht«, schimpft mich der achtjährige Raife. »Entschuldige«, antworte ich mit aufrichtigem Bedauern.

Unser kleines Haus birgt eine Menge in sich. Eine Familie mit fünf Kindern, einen Vater, der nur die Augen bewegen kann, eine tagträumende Mutter, eine Unmenge medizinischer Geräte, die brummen und piepsen. Der wirbelnde, wilde Strudel der AMYOTROPHEN LATE-RALSKLEROSE. Wir trudeln, überleben, darum bemüht, nicht durch den Abfluss fortgespült zu werden. Das Haus hat ein hohes Menschenaufkommen. Ich sollte häufiger staubsaugen. Die Krankenschwestern und Pfleger umkreisen uns auf taktvoll leisen Sohlen. Wollmäuse sammeln sich in den Ecken. Mein Mann benötigt ein Beatmungsgerät und zu jedem Zeitpunkt jemanden an seiner Seite. Oft bin ich dieser Jemand. Ich verbringe viel Zeit in diesem Haus, und dabei hilft mir der Baum.

Als ich noch zur Schule ging, wurde ich Zweite bei einem Kunstwettbewerb. Der Gesundheitsminister überreichte mir einen Preis für meine graue Bleistiftzeichnung eines traurigen, lesenden Mädchens. Vor ihrem Fenster spielten in bunten Farben Kinder. Mein Werbeslogan für ein gesundes Leben lautete: »Bist du immer nur allein, fehlt dem Leben Sonnenschein.«

Das Problem, allein zu sein, stellt sich mir heute nicht. Hier drin bin ich unglaublich gefragt. Wie sollte ich in diesem Haus jemals einsam sein? Das Mädchen von damals hatte nicht die geringste Vorstellung von diesem Leben. Raife liebt das Wort »unangemessen«, auch wenn ich nicht glaube, dass er wirklich weiß, was es bedeutet. Seine Verwendung des Wortes ist ausgesprochen unangemessen. »Rede nicht über mich mit anderen Leuten«, beschwert er sich. »Das ist unangemessen.« Offenbar ist acht das Alter der Vernunft. Das Alter, in dem Kinder ihre eigene Nacktheit erkennen und ausrufen: »Schau mich nicht an! Urteile nicht über mich!« Sie schimpfen oft mit ihrer Mutter. Meine eigene Mutter nimmt sogar vom anderen Ende des Telefons viel zu viel wahr. Sie besitzt diesen ganz speziellen Mutterschlüssel. Dreh ihn nur einen halben Zentimeter im Schloss, und schon fließen die Tränen. Meine Mutter könnte meine Freundin sein, tatsächlich aber ist sie etwas anderes. Sie ist der einzige Mensch, der sich jemals Sorgen machen wird, ob ich ohne Jacke aus dem Haus gehe.

Die ALS von Simon hat mich zutiefst unangemessen werden lassen. Mein sozialer Filter funktioniert nicht. Ich kann mich nicht mehr an die Regeln erinnern. Es bereitet mir Sorge, dass ich den Schmerz in die Öffentlichkeit trage. Wie viel ist zu viel? Einfache Fragen wie »Nun, wie läuft's?« sind unmöglich geworden. Gott sei Dank gibt es alte Freunde. Sie gleichen Wunschbrunnen; mein Schmerz ist ein Stein, der beim Auftreffen keinen Platscher macht. Neue Freunde sind heikel. Vielleicht brauche ich ja keine? Mein Dreijähriger brüllt mich an, weil sein Schatten nicht weggeht. Mit undeutlicher Kleinkinderstimme knurrt er: »Blöde Momma. Blöder Schatten.« Diese Kinder sind mein Ein und Alles, doch sie sind nicht meine Freunde. Meistens sind sie nicht einmal freundlich. Das Schulmädchen hatte recht. Ich bin eine graue Bleistiftzeichnung. Ich bin hier drin so gefragt, dass es zum Himmel stinkt. Sogar der Hund und die Katze pflichten dem bei. Ich rede mit einem Baum, verflucht noch mal. Ich brauche etwas Farbe und Gesellschaft.

Gesellschaft macht mir Angst. Wenn ich rausgehe, brauche ich einen Panzer. Mein Wahlspruch soll fröhlich sein. So viele schöne Frauen grüßen mich und nehmen mich in ihren Kreis auf. Wenn mein Gemütszustand es zulässt, im richtigen Augenblick, genieße ich das. Das feinsinnige Orchester des Geplauders. Das alles mag ich. Wenn bei der Erwähnung der Ehemänner Augen gerollt werden. Nie hilft er im Haushalt. Probleme bei der Arbeit. Ich habe ihm zu Weihnachten ein Abo fürs Fitnessstudio geschenkt. Ich genieße das, wirklich. Ich bin nur ein wenig müde. Ich kämpfe gegen den Drang an, mich auf den Boden zu legen und unter einer Decke zu verkriechen. Ich lächle sie alle an und fühle mich wie ein Fremdkörper. Ihre Probleme sind nicht weniger wichtig als meine. Nun, wie läuft's? Mir fehlt die Sprache für eine Antwort. Ich werde nach Hause zu meinem Mann gehen, weil er mein Freund ist. Augenrollen. Er ist ein Freund, er ist mein allerbester Ehemann. Schau mich nicht an! Bemitleide mich nicht! Blöde Gesellschaft. Blöde ALS.

Doch die Gesellschaft schaut immer wieder vorbei, und ich bin zu stur, um aufzugeben. Über das Geplauder hinweg erklärt eine Frau, die ich kaum kenne, dass ihre Ehe am Ende und ihr Mann in den Gartenschuppen gezogen sei. Das kollektive Tassengeklapper verstummt. Es ist ein K.o.-Schlag. Alle murmeln Beileidsbekundungen. Die Stimmung in der Runde und auch meine bekommen einen Dämpfer. Doch dann nimmt das Geplauder glücklicherweise wieder Fahrt auf.

Als ich alleine nach Hause spaziere, muss ich laut lachen, nicht etwa über den Kummer jener Frau, sondern wegen meiner eigenen Dummheit. Die Regeln existierten alle nur in meinem Kopf. Trage so viel Schmerz nach außen, wie du willst, oder auch gar keinen. Blöde Regeln. Ich war die Blöde. Ich lache, weil überall um mich herum Farbe ist und die Gesellschaft meine neue beste Freundin ist.

Tagträume

Die meiste Zeit meines Lebens habe ich im Tagtraum zugebracht. In Irland kann es so bewölkt und grau sein, dass man das Gefühl hat, jemand habe das Licht ausgeschaltet. Da hilft das Tagträumen. Lichter spielen keine große Rolle, solange deine Träume leuchten. Tagträume kümmert es nicht, ob der Himmel bewölkt ist.

Bestimmte Geschichten über die Kinder werden von den Eltern so lange wieder und wieder erzählt, bis sie zur Tatsache werden. »Du warst immer ein Kind, das gern im Bett war«, sagt meine Mutter noch heute. »Nie bist du herausgeklettert. Wenn du einmal drin warst, dann bliebst du dort bis zum Morgen.« Natürlich. Das Bett ist die Brutstätte von Träumen im Schlaf und im Wachzustand. Das Bett war mein sicherer Hafen, nachdem ich den ganzen Tag durch die dunklen Gewässer der Wirklichkeit navigieren musste.

Als kleines Mädchen verbrachte ich viele zufriedene Nächte und zahllose Stunden am Tag im Refugium meines Bettes. Außerhalb der hell erleuchteten Küche war unser Haus alt, kalt und unheimlich, doch das kümmerte mich nicht. Ich war zu sehr damit beschäftigt, vom Bett aus den Heizkörper zu betrachten. Darauf waren Gesichter. Unendlich viele wunderliche Gesichter, Formen und Geschichten. Sie krochen unter der abgeblätterten Farbe hervor. Mein Heizkörper war wie Lucys Wandschrank. Ein jedes Mal brachte er mich nach Narnia.

»Abendessen!«, rief meine Mutter aus der warmen Küche. Vermutlich ist Essen der einzig vertretbare Grund, einen Tagtraum zu stören. Ich tauchte aus meinem Tagtraum auf, und innerlich jubilierte ich. »Hier bin ich! Ich bin wieder da! Alles ist in Ordnung!« Hat niemand sich gefragt, wo ich gewesen bin? Sind Sekunden verstrichen, Stunden oder Tage? In dem großen, alten, geschäftigen Haus mit sechs Kindern aber hatte niemand etwas bemerkt. Dass niemand etwas bemerkt hatte, machte die Tagträume noch wunderbarer.

Tagträume waren einsame Angelegenheiten, bis jemand davon Wind bekam. Simon trat in mein Leben und platzte in meine Tagträume. Simon redete in GROSSBUCH-STABEN. Mit blauen Augen und flatternden Händen schlenderte er herbei. Seine Stimme spazierte geradewegs in meine Tagträume und sah sich alles ganz genau an. Er redete viel, und das gefiel mir. Die Stimme und die Tagträumerin hakten sich unter. Diese Stimme machte die Tagträume so greifbar und sinnlich.

Das Bett mit der Liebe zu teilen war eine Offenbarung. Mit roten Wangen und peinlich berührt begegneten wir am nächsten Morgen unserem Nachbarn. Die Wände der Reihenhäuser waren wie aus Pappe, und das Schlafzimmer jenes armen Mannes grenzte direkt an unseres. Ich brachte es nicht fertig, ihm ins Gesicht zu schauen. Er konnte nichts als Hass auf die lauten Nachbarn empfinden.

Die Stimme und die Tagträumerin unternahmen an Sonntagen lange Spaziergänge und hielten nur inne, um zu essen. Wenn man verliebt ist und mitgerissen von gutem Sex, schmeckt das Essen besser denn je. Sie aßen viel. Sie gingen spazieren und lagen sich in den Armen, sie gingen spazieren und aßen das Beste, was das Land zu bieten hatte.

Sie aßen und schlangen ihre Körper umeinander, dann

aßen sie noch etwas und schmiedeten neue, gemeinsame Tagträume. Sie dachten sich Geschichten aus und machten großartige Pläne. Er wollte Filme drehen, und sie wollte Bücher schreiben. Vereint waren diese Stimme und jene Tagträume ein wahr gewordener Schöpfungstraum.

Dein Bett mit dem richtigen Mann zu teilen ist eine herrliche Sache. Sein Geruch und sein Geschmack, umeinander geschlungene, miteinander ringende Gliedmaßen. Anfangs war sogar Simons Spleen, jeden Abend vor dem Einschlafen den Soundtrack von *Blade Runner* anzuhören, seltsam großartig. Die Liebe war nicht blind, aber in meinem Fall war sie definitiv taub.

Tagträume sind wunderbar, weil du sie in die richtige Richtung lenken kannst. Du wählst selbst, wohin sie führen. So ist die Wirklichkeit nie. Ein Tagtraum tritt dir nicht in den Arsch, wenn du nicht einen Arschtrittfetisch hast, und den habe ich nicht. Die Wirklichkeit lässt sich weit weniger leicht steuern. Oft habe ich mich in Tagträume geflüchtet, wenn die Wirklichkeit eine harte Wendung genommen hat.

Ich stehe an einer neongrellen Kreuzung in New York und kaue auf einer Riesenbrezel, und mein Freund benimmt sich merkwürdig. Mir fällt es kaum auf, weil New York so viel Lärm macht. Wir sind für eine Vorführung von Simons Kurzfilm auf einem Filmfestival hergekommen, und ich habe den Eindruck, dass Simon etwas gereizt ist. Er ist nervös wegen des Films, vermute ich. Dann beiße ich noch einmal von der Brezel ab und tauche wieder ein in einen American-Diner-Tagtraum mit hausgemachten Pommes.

Ich bin zu sehr mit meinem Diner-Tagtraum beschäftigt, um zu bemerken, dass Simon direkt vor meinen

Augen zwei Schnapsgläser mit »I love New York«-Aufdruck kauft und einen Piccolo Sekt. Als er auf dem Empire State Building auf die Knie sinkt, bin ich geschockt. Ich habe es einfach nicht erwartet. Die Idee war mir gar nicht gekommen.

Auf den Knien ist die Stimme piepsiger und unsicherer, als ich sie je gehört habe, und die Tagträumerin ist verwundert. Ehe? Das war mir nie in den Sinn gekommen. Jetzt aber, wo dem Gedanken eine Stimme gegeben wurde, erscheint es mir wie die beste Idee aller Zeiten in der ganzen weiten Welt einschließlich New York. Sag's noch mal, mit deiner normalen Stimme, piepse ich zurück, und die Stimme wiederholt es in den üblichen GROSS-BUCHSTABEN. »Ruth Patricia O'Neill, willst du mich heiraten?« »JA!«, schreie ich – ebenfalls in Großbuchstaben, und auf dem Dach dieses Hochhauses umfangen sich Tagtraum und Wirklichkeit, als seien sie schon immer eins gewesen.

Meine Kinder sind notorische Bettenwechsler. Immer scheinen sie durch die Nacht zu wandern, und ihre heißen kleinen Körper graben sich auf der Suche nach einem neuen Unterschlupf in mannigfaltige Betten. Je mehr Betten, desto besser.

Mit jedem Jahr unserer Ehe stiegen wir zu größeren und besseren Betten auf. Anspruchsvollere Daunendecken. Ein zuverlässiges Schiff an den Ufern eines gemeinsamen Lebens. Zahlreiche wohlplatzierte dicke Kissen und gemusterte Überwürfe.

Zu Anfang lebten wir auf dem Land in Louth. Nach drei Jahren Ehe erreichte unser gemeinsames Leben ein glorreiches Crescendo mit der Mutter aller Schiffskojen. Ein mehr als zwei Meter breiter Koloss, ein märchenhaftes

Ungeheuer aus dunklem Holz und unendliche Weiten Matratze. Wir besaßen Hunderte Kissen, und die gesamte vierköpfige Familie passte hinein. Auch ein unruhiger Wurm und ein kleines Faultier fügten sich hervorragend ein. Manche Kinder winden sich ununterbrochen, und die ganze Nacht spürst du die kratzigen, plumpen Zehen an deinem Rücken. Andere sind robuste Wärmflaschen, die sich nicht mehr rühren, sobald sie ihren Platz gefunden haben. Wir hatten beiderlei.

Dieses Zweimeterbett wurde in Sonnenlicht getaucht, das durch die Glastüren von der Terrasse hereinfiel. Davor lag ein ländliches Paradies aus meilenweiten runden grünen Feldern. Trotz des regen Verkehrsaufkommens an Kleinkindern war mein Schlaf immer ruhig und gut. Selbst in turbulenten Babynächten fand ich zurück in einen traumreichen Schlaf. Ich schmiegte mich an die milchige Haut eines Kleinkinds oder rollte sie zur Seite, auf der Suche nach Männerhaut und langen Gliedern und einem Nacken, in den man sein Gesicht drücken und tief einatmen konnte.

Wir leben noch immer auf dem Land, ich bin das dritte Mal schwanger, sitze in der Praxis eines Neurologen und warte auf Simon. Mein grünes Oberteil lässt meinen Bauch aussehen wie einen prächtigen runden Hügel an der Grenze zwischen Louth und Monaghan. In Gedanken male ich ein Kinderbild mit Drumlins unter einer Bilderbuchsonne. Mein Dad hat das Auto geparkt und gesellt sich zu mir ins Wartezimmer. Oh, zum Grashügel ist eine Menge Lehm hinzugekommen, denke ich vergnügt, als seine verdreckten Schuhe dicke Spuren auf dem Boden hinterlassen. Er ist peinlich berührt, aber ich kann nicht aufhören zu kichern.

Im Rückblick wird es das erste Mal sein, dass ich einen Tagtraum bereue. Warum war ich nicht mit mehr Aufmerksamkeit bei der Sache? Warum war ich nicht besser vorbereitet auf den Schlag? Ich bin dabei, mir Figuren in den Fußspuren von Dad auszumalen, als der Neurologe mich hereinruft. Simon steht auf, sein Gesicht unendlich blass. Meine Ohren werden taub, als der Arzt hinter seinem Schreibtisch zu sprechen beginnt. »Es tut mir leid, aber ich habe keine guten Nachrichten.« Simon spricht nicht länger in Großbuchstaben. »Wie ist die Prognose?«, frage ich, meine Stimme nur mehr ein Wimmern. Er hat noch drei bis vier Jahre zu leben, lautet die Antwort. ZU LEBEN?, brüllt es in Großbuchstaben in meinem Kopf. ALS ist kein vertretbarer Grund, um einen Tagtraum zu zerstören, und nun will sie sogar ein Leben zerstören.

Die Mutter aller Betten konnte die Familie wunderbar beherbergen, bis ein ungebetener Bettgefährte aufkreuzte. Die ALS war ein hinterhältiger Gast. Anfangs wollte sie nur ein paar Extrakissen. Die dicken Kissen hatten nun einen anderen Zweck, als nur hübsche Accessoires zu sein. Nach einer Weile verlangte die ALS nach einem Rutschbrett, damit Simon überhaupt ins Bett kam. Wir hatten bananenförmige und flexible, das beste aber war ein einfaches Holzbrett, das ich wie eine Wippe unter ihn schob, um ihn dann mit Schwung hinuntergleiten zu lassen. An meinen Armen zeichneten sich Muskeln ab. Das Bett war jetzt nicht mehr so geräumig, doch noch waren wir alle an Bord.

Weiterhin wurde der Morgen vom Sonnenlicht erleuchtet, aber das ganze Hin und Her ließ den Zauber ein kleines bisschen verblassen. Die ALS war müde und launenhaft. Unser Ehebett war im Belagerungszustand. Es war nun ein Ort, an dem wir viel weinten.

Zum ersten Mal hatte es den Anschein, dass mich die Tagträume nicht mehr retten konnten, und keiner schien das zu bemerken. Wir waren alle viel zu beschäftigt. Die ALS hatte unser großes Bett in ein Schlachtschiff verwandelt. Nun, wenn das also der Krieg ist, dachte ich, dann hört mein Toben. Trau dich nur, du Mistkerl. Ich will meine Tagträume zurück. Und mein Bett.

Küsse

ch stehe alleine in meiner Bucht und werfe der See eine liebevolle Kusshand zu. Danke, Meer. Hier kann ich mir einen Reim auf manche Dinge machen. Das rhythmische Hin und Her der Wellen. Wie großartig ist es, dass die Wellen und ich so hoffnungslos romantisch sind. Auf gewisse Weise geben sie mir Halt. Gefestigt stehe ich auf den Stufen in der Bucht und betrachte stolz die Küste.

Ein Mann geht mit seinem Sohn am Strand spazieren. Er schwingt ihn hoch hinauf auf seine Schultern, und der Sohn lacht in den Wind. Über das Wasser wird das Lachen zu mir getragen und trifft mich wie ein Schlag. Es bestürzt mich. Die beiläufige Bewegung des Mannes, das wilde, selbstvergessene Lachen des Jungen, manches davon oder auch alles bestürzt mich. Ein dumpfes, übles Gefühl. Ungefestigt.

Der Gang jenes Mannes. Sein Körper in selbstsicherer Bewegung … Mein Mann kann nur die Augen bewegen. Ich küsse die weichen Wangen meiner Kinder und seine faltenfreie, bekümmerte Stirn. Der unaufhörliche Wellengang bringt mich ins Wanken. Ich höre auf, der See Kusshände zuzuwerfen.

Vor Jahren, in der Wildnis von Donegal, als ich einen Gälisch-Ferienkurs machte, ging ich mit einem nordirischen Jungen in Bomberjacke in den Wald. Er war groß und viel älter als ich, und er war ein erfahrener Küsser. Das Küssen dauerte viele Stunden, mehr war es nicht, nur Küssen. Aber ich war erst zwölf, und es war mir zu viel. Benommen kehrte ich zurück zu dem Stockbett mit der

Strohmatratze bei meiner Gastmutter. Mein Magen hatte sich aufgelöst, und das taube Gefühl wanderte hinauf in meine Kehle. Ich konnte noch nicht einmal ein Toastbrot essen. Ich möchte bei diesen Erinnerungen an das zwölf-jährige Mädchen verharren, doch meine Gedanken wandern zu trüberen Gewässern. Ich erinnere mich an einen Mann namens Dave, den DJ.

Dave lebte mit seiner peruanischen Frau in einer Einliegerwohnung. Sie besaß einen Reiskocher, auf den Dave sehr stolz war. Seine Frau kochte den perfekten Reis, brüstete sich Dave. Vermutlich verwässerte die Sprach-barriere seinen extremen Charakter, sodass seine Frau Dave für ganz normal hielt. Sie wirkte streng, aber wahr-scheinlich macht es einen mürrisch, wenn man mit einem Mann zusammenlebt, der ausschließlich Coca-Cola trinkt und einen öligen Hamburger-Film auf der Haut hat.

Verschwinde aus meinem Kopf, Dave, ich will dich hier nicht haben. Fünf Jahre lang arbeitete ich beim Radio, doch das ist elf Jahre her. Lieber will ich tapfer sein und an die verlorenen Küsse meines Mannes denken. Lippen, die sich miteinander verbinden. Ein umfangender, sich verflechtender, drängender Kuss. Alles, was Dave außer Hamburgern und dem perfekten Reis seiner Frau aß, waren Frühlingsrollen. Diese Frühlingsrollen wurden mit Liebe von den winzigen, zarten Händen einer Filipina zubereitet und frittiert, die halb so alt war wie er. Manch-mal besuchte sie das Radiostudio. Dave redete von nichts anderem als ihren Frühlingsrollen. Sie waren so gut, dass er sich nicht bremsen konnte, wenn er einmal einen Teller vor sich hatte. Sie kicherte viel, ihre Haut wie Milchkaffee und ihr Lächeln wie der Sonnenschein. Für den echten Sonnenschein hatte Dave nicht viel übrig. Als DJ über-nahm er viele Nachtschichten, und er zog künstliches

Licht dem echten vor. Morgens, bevor er auf Sendung ging, zog er zuallererst sämtliche Rollos im Studio herunter, machte eine dunkle Höhle daraus, dann rieb er die Hände aneinander und sagte: »Lass uns Burger holen.«

Früher verflochten sich meine Lippen mit denen meines Mannes. Jetzt hängen diese Lippen kraftlos herab. Seine Augen leuchten klar. »Küss mich auf die Lippen«, verlangt seine Computerstimme. »Auf die Stirn küsst mich meine Mutter.«

Habe ich vergessen, wie man küsst? Erinnert sich der Körper daran? Im Traum erinnert er sich gut. Im Traum bin ich die Königin der Hollywood-Küsse, mit einem anschwellenden Streichorchester und sanft verschmelzenden Silhouetten.

Dave jammerte ununterbrochen über die Bewunderung seines philippinischen Groupies. Was soll ich nur tun?, fragte er mich und stützte den Kopf in die Hände. Hör auf, Frühlingsrollen zu essen, erklärte ich. Geh nach Hause zu deiner Frau, Dave, und denk dran, wie sehr du ihren Reis liebst. Doch es kam nie etwas dabei heraus, er brauchte das ganze Drama.

Träumt mein Mann von vergangenen Küssen? Vergangene Küsse mit mir? Ich bezweifle, dass sie mit mir sind. Traumküsse funktionieren am besten, wenn sie dich nicht an deinen Partner erinnern, egal, ob krank oder gesund.

Eine weitere Obsession von Dave waren Verschwörungstheorien. Gib mir was zu UFOs, sagte er und gab am Mikro knurrend Geschichten wieder von Spinnern, die Aliens gesichtet hatten, mit mehr Überzeugung als ein Nachrichtensprecher, der von der jüngsten Bombendrohung berichtete.

Wenn er das will, dann küsse ich meinen Mann auf die

Lippen, meine Lippen aber finden den Mann auf der Stirn. Es sind keine mütterlichen Gefühle, die mich nach der Wölbung an seiner Schläfe sehnen lassen, vielmehr will ich darin den Mann wiederfinden. Noch ist er da, und in seinen Augen lodert es.

An meinem letzten Tag im Studio sah ich Dave das letzte Mal. Als er erfuhr, dass ich aufhören würde, trat er auf mich zu und küsste mich, so fest er konnte, direkt auf den Mund. Ohne ein Wort drehte er sich um und ging. Es war ein überraschender, ungebetener Kuss. Ungefestigt. Ich wechselte nie mehr ein Wort mit ihm. Ein selbstsüchtiger Mann. Manchmal vermisse ich ihn. Dunkles, irregeleitetes Verlangen, abschreckend und anziehend zugleich.

Verschwinde, Dave. In meiner Erinnerung ist pure Leidenschaft etwas Schöneres. Überstürzte, hastige Küsse in einer Toilettenkabine. Der erste intensive Kuss in einer Disco. Verschwitzte Küsse in einer Strandhütte in Thailand. Ich blicke aufs Meer hinaus. Die Erinnerungen lösen sich in Gischt und Brandung auf. Ich will sie festhalten. Stattdessen habe ich Dave an der Backe.

Das zwölfjährige Mädchen war klug. Sie wusste, wann das dunkle Begehren zu viel wurde. Sie ging nicht mehr in den Wald, für weitere Küsse. Sie zog sich wieder in ihre Träume zurück. Der Appetit kehrte zurück. Gefestigt. Es ist eine herrliche Sache, so ein Hollywood-Kuss. Auf den Stufen sitzend versuche ich, Dave aus dem Kopf zu verbannen. Doch hier lässt er sich nicht kontrollieren. Nicht hier, in meiner Bucht, während die Wellen unerbittlich vor- und zurückwogen.

Ich tauche ein in Erinnerungen. Die Angst, dass meine Sehnsucht finster und verdorben wird, drückt mich unter Wasser. Das Gefühl der Leere wird stärker werden. Es wird vom Hollywood-Kuss zu selbstsüchtigen Gedanken wandern. Immer noch rollen sanfte Wellen ans Ufer. Das Meer ist ruhig heute, doch der Wind weht stark, und ich wünsche mir, dass der Mann mit dem lachenden Sohn vom Strand weggeht und Dave aus meinem Kopf verschwindet.

Eines Morgens kroch mein Sohn Raife zu mir ins Bett und umschlang mich im Halbschlaf. »Ich hatte einen schönen Traum«, sagte er. »Da war ein Mädchen, sie hieß Tiger und hatte goldene Haare. Sie hat mich geküsst, aber dann bin ich aufgewacht, und sie war weg. Da war ich traurig.« Meine Sehnsucht ist nicht selbstsüchtig. Nicht wie bei Dave. Sie ist immer noch rein wie das Herz meines Sohnes und wie ein zwölfjähriges Mädchen, das im Haus der Gastmutter noch nicht einmal ein Toastbrot hinunterbringt.

Die tiefe Sehnsucht, die unter den täglichen Aufgaben vergraben ist. Das dunkle Verlangen der Seele, eine Verbindung aufzunehmen. Mal gefestigt, mal ungefestigt. Das Rollen der Wellen. Doch es ist rein, unverdorben. Noch nicht einmal anstößig oder nackt oder obszön. Sondern so einfach wie ein Kuss. Wieder blicke ich an den Strand zu dem Mann mit seinem Sohn. Die Wellen nehmen wieder einen regelmäßigen Rhythmus auf. Ich werfe der Küste eine weitere Kusshand zu.

Glück

Das Zuhause ist eine gemusterte Plastiktischdecke. Vor meinen Augen sehe ich eine junge Ehefrau am neuen Küchentisch sitzen. Ruhig sinnt ihre Seele in der Morgensonne über das Glück nach. Das Glück wirft schräge Lichtstreifen auf das orangefarbene Muster. Auf einem Blatt Papier übt sie mit überschwänglicher Geste ihre neue Unterschrift. Wieder und wieder schreibt sie. Ruth Fitzmaurice. Ruth Fitzmaurice.

»Ehemann. Ehemann. Warum nennst du mich dauernd Ehemann?«, lacht ihr neuer Ehemann. Die junge Ehefrau weiß es nicht. Vielleicht fühlt sie sich wie ein Teil eines Teams. Als seien nur sie beide in einen Witz eingeweiht. Sie beide haben etwas kennengelernt, das sie den tiefen Zauber nennen.

Die Frau am Tisch findet, dass ihr neuer Ehemann Inbegriff all ihrer besten Gedanken und Gefühle ist. Sie ist aus dem Bett geschlüpft, um in der frühen Morgensonne allein zu sein, umgeben von schönen Dingen, die sie beide teilen. Als ein Zug vorbeifährt, scheppern die Gläser und das Delfter Hochzeitsgeschirr leise in der Vitrine. Sie ist freudig überrascht, dass es ihr hier gefällt, wie gut sich ihr eheliches Zuhause anfühlt. Eigentlich war sie immer ein Mädchen, das keinen Wert auf Dinge gelegt hat, immer viel zu sehr damit beschäftigt, sich vom Wind treiben zu lassen, voller Jagd- und Abenteuerlust. Kurz gesagt war sie meistens unglücklich. Sie nennen ihre Liebe den tiefen Zauber.

Ich bin von den gleichen Dingen umgeben wie die junge Ehefrau. Das Zuhause ist noch immer eine Plastiktischdecke. In diesem Haus ist es ein Muster mit Cowboys und Indianern. Das Glas der ungenutzten Vitrine ist in den zehn Jahren stumpf geworden. Gleichmütig habe ich über die Vollkommenheit der Geste nachgedacht, die Gläser an der Rückwand in Reih und Glied aufzustellen. Ich könnte ein paar von den edlen Tellern als Wurfscheiben nutzen und auf sie zielen. Ich könnte langstielige Gläser in den Boden stecken, sodass sie wie zarte, aufblühende Blumen in der Sonne schimmern, und sie dann niedertrampeln. Es gibt einen noch tieferen Zauber.

Die junge Ehefrau hat sich aus der warmen, pelzigen Umarmung des neuen Ehemannes gelöst. Sein Gesichtsausdruck vollkommener schläfriger Selbstvergessenheit ist alterslos. Sie liebt ihn, wenn er so ist, doch setzt sie sich an den Tisch, um die Gedanken an ihn weiterzuführen. Nie hat sie sich einem anderen Menschen näher gefühlt.

Eine Freundin von mir, eine Künstlerin, wurde in ihren Zwanzigern Witwe. Sie trug ihren Kummer in eine Witwen-Gruppe und stellte fest, dass sie die jüngste Teilnehmerin war. Freundliche Frauen nahmen sie in Empfang und zogen sie in ihren Kreis. Sie trugen ihren Schmerz an Anhängern um den Hals und konservierten ihn auf alten Fotos.

Meine Ehe habe ich mit einem Messer in zwei Teile geschnitten: vor und nach der ALS. An meinem Tisch kann ich mich im Jetzt festhalten. Ich kann Fotos in meinen Händen halten. Wie aber soll ich mir sicher sein, dass diese Erinnerungen mehr sind als ein konservierter Anhänger an meinem Hals?

Ich erinnere mich an den Augenblick, an dem ihr scheuer, unabhängiger Geist auf etwas traf, was tiefer Zauber war.

Nichts als schöne Augen und dunkle Brauen. Es drehte sich noch nicht einmal um einen Körper, es war die Haltung. Ertastbare Gliedmaßen, tanzende Hände. Arrogant hingen das Hemd und die zerrissene Jeans an diesem Körper. Im Körper steckte ein wunderschöner Geist mit Überzeugungen, Träumen, Liebe und Zuversicht, vor allem aber, ja, denkt sie, war es die Arroganz. Dieses Etwas war ein Mann, der die junge Frau erröten ließ.

Der Mann empfand sich selbst als der Joker im Spiel. Sich seiner Ungewissheit gewiss, doch niemals gleichgültig. »Der Joker ist der Philosoph«, sagte der Mann. Unermüdlich ist er auf der Suche nach der Wahrheit. Die Frau wusste nicht viel über Philosophie oder allgemeine Wahrheiten. In ihren Augen sah der Mann eher aus wie der Pik Bube. Immer am Reden, ein Charmeur, den Schalk im Nacken, ein bisschen leichtsinnig und doch voll Staunen. Und sie? Im Scherz nannte er sie »die Nonne«. Sie war ein kompletter Herz-Kartensatz.

Der Mann versuchte, sie mit Geschichten zu beeindrucken. Sie wusste, er hatte sie alle schon oft erzählt, und sagte ihm das auch. Das beeindruckte den Mann, was die Frau wiederum lustig fand. Sie brauchte seine Geschichten nicht, denn sie konnte seine Seele ganz deutlich erkennen. Sie wollte in diese Augen eintauchen wie in ein Schwimmbecken, und es kümmerte sie nicht, wie kitschig das klang.

Der Mann schrieb ihr Gedichte und führte sie zum Essen aus. Nun also kriegt der Joker endlich die Nonne, schrieb er. Nach all den Jahren kriegt er sie, wenn keiner mehr darauf achtet. Die Nonne errötete und dachte: Diese Liebe ist heilig. Wenn das Religion ist, dann bin ich dabei, lieber Gott. Sie war so überwältigt, dass sie beim Abendessen die Gabel fallen ließ.

Wie kann ich diesen Erinnerungen trauen? Ich weiß, dass die Nonne tatsächlich existiert hat, weil ich sie auf dem Dachboden gefunden habe. Sie war in eine mit Tesafilm verklebte Kiste gepackt. Ihre Gedanken steckten in einem alten Tagebuch, neben all den gewöhnlichen Verunsicherungen, angeknabberten Fingernägeln, Sorgen über die Arbeit, darüber, frisch verheiratet zu sein, Babys zu haben. Die ganze Zeit über ist sie da, unter einer Staubschicht, und klammert sich an den, der einmal der Joker war. Ihr Glück war wahrhaftig – es war auf vollkommene Weise unvollkommen.

Mithilfe meines Tagebuchs kann ich ihn mir vor Augen führen. Simon, der Leser, Schriftsteller, Dichter, ehrgeizige Filmemacher, einer, der Träume spann. Er sitzt an unserer Tischdecke, leckt sich die Finger und blättert die knarzenden Hochglanzseiten eines großen Kinobildbands um. Er beugt sich über seinen kleinen Schreibtisch, für die Arbeit frisch rasiert und im Hemd, und hackt fieberhaft in den Laptop. Zum Frühstück hat er mir ein Porridge mit Honig gemacht. An seinem Handgelenk klappert eine Uhr.

Der siebenjährige Arden lässt sich leicht ablenken. Nie ist er rechtzeitig mit dem Anziehen fertig. »Es ist nicht meine Schuld!«, jammert er und deutet auf die beiden älteren Brüder. »Sie haben mich abgelenkt!« Früher habe ich mich geärgert, bis mir ihr Onkel eine Erklärung gegeben hat. Arden bemerkt sich selbst gar nicht, solange er in ihrer Gesellschaft ist, erläutert er. Er hat noch keine Vorstellung von seinem Selbst. Er existiert indirekt über sie. Genau wie die Nonne sehnt sich sein glasiger Blick nach Ablenkung. Er ist von einem Zauber belegt. Dem tiefen Zauber.

Paradoxerweise war der Joker von größerer Reinheit als

die Nonne, und dafür liebte sie ihn. »Warum sollte ich einen Horrorfilm über Wälder anschauen?«, fragte er schulterzuckend. »Ich liebe Wälder. Wozu soll ich das kaputt machen?« Er war so rein, dass er sich vor bösen Gedanken fürchtete. Der Humor der Nonne konnte schwarz und rußig sein, und sie erklärte dem Joker, dass böse Gedanken Spaß machen konnten. Sie konnten dir Befreiung verschaffen. Hab niemals Angst vor deiner Fantasie, sagte sie.

Der Joker zeigte der Nonne wahre Herzensgüte, und sie nahm ihm die Furcht vor dem Bösen. Mehr brauchte der Mann nicht, um seiner Fantasie freien Lauf zu lassen. Er hatte großartige Träume, und gemeinsam würden sie die Schwingen ausbreiten. Auch das Mädchen hatte Träume, aber sie ließ sich leicht ablenken. Wahre Liebe war der tiefe Zauber. Seine Träume waren groß genug für zwei, und die Zukunft behielt auch für ihre Träume ausreichend Zeit vor.

Heute sitze ich an meiner Plastiktischdecke und weiß, dass es die Zukunft nicht mehr gibt. Wäre es meinem jungen Ich besser ergangen, wenn es die Zukunft gekannt hätte? Würde ich ihren Augenblick des Glücks an diesem Tisch zerstören wollen? Die Grausamkeit dieses Lebens würde sie womöglich zu Boden ringen, und da kommen große Wellen. Von schönen Dingen umgeben, würde sie mir ins Gesicht lachen. Verschwinde aus meinem Haus, verrückte Hexe! Kennst du die Kraft des tiefen Zaubers nicht? Kennst du die Regeln etwa nicht? Jemanden wie uns sucht das Böse nicht heim!

Größeren Zauber kann ein Leben nicht besitzen, denkt die junge Ehefrau. Man sehe sich nur seine Herrlichkeit an. Ihr eigenes Ich geriet im Lauf des langen bewundernden Blicks ein wenig in Vergessenheit. Und wer wollte es ihr übel nehmen? Ich nicht. Doch dieser Augenblick allein wird sie nicht durch die rauen Wogen, die vor ihr liegen, tragen. Es ist nicht genug. Sie wird oft tauchen müssen.

In der Witwen-Gruppe sind die Toten Gottheiten, denen gehuldigt werden muss. Meine Künstlerfreundin, die junge Witwe, war entsetzt. Sie respektierte diese Bewältigungsstrategien, kam damit aber nicht zurecht. Ihr Mann war gestorben, sie aber war am Leben. Also trug sie ihre Trauer aus dem Kreis hinaus. Der verstorbene Mann saß ihr auf der Schulter. Stolz trug sie ihren Schmerz und buchte eine Reise um die Welt.

Die junge Ehefrau am Küchentisch kennt den tiefen Zauber. Ich aber kenne ihre Zukunft. Wie eine Woge wird das Leben sie hin und her stoßen. Sie hat keine Wahl, ebenso wenig wie ich. Komm her, junges Mädchen, setz dich zu mir an den Tisch. Uns ist die Reise auferlegt, und um zu überleben, genügt es nicht, die Wellen zu reiten. Du musst selbst zu einer werden. Gelingt uns das? Auf geht's. Eine Welle zu werden ist womöglich der tiefste Zauber von allen.

Farbe

Pfleger, überall Pfleger. Pfleger, die in der Küche den Wasserkocher befüllen. Pfleger, die mit Kaffeetassen fuhrwerken. Überall stehen Tassen mit Teerändern herum wie in einer Studenten-WG. Die Badezimmertür ist verschlossen, davor bildet sich eine Schlange. Wer ist da drin? Eine Pflegerin. An der Mikrowelle stehen Pfleger und wärmen sich wohlriechende Speisen auf, während wir zu Abend essen. Am Spülbecken verspritzen Pfleger Seifenschaum. Nachts, während wir schlafen, stehen Pfleger an unseren Betten. Pfleger ertappen mich in Unterwäsche. Sperr die Tür ab. Überall sind Pfleger. Sie tun nur ihre Arbeit. Der Schmerz verfolgt mich durch die Räume, in denen Betriebsamkeit und Stress herrscht. In jeder Ecke unseres winzigen Zuhauses sind Pfleger.

Was ist ein Zuhause? Was genau bedeutet das? Ich brauche eine Antwort. Die einzigen Antworten, die sich aufdrängen, würden auf ein paar Post-it-Zettelchen passen. Sie sind prächtige Losungen. Als Kühlschrankmagneten würden sie sich hervorragend machen.

Das Zuhause ist kein Haus.

Zuhause ist ein Gefühl.

Das Zuhause, das sind die Menschen, die du liebst.

Zuhause ist dort, wo dein Herz wohnt.

Ein Haus besteht aus Balken und Ziegeln, ein Zuhause besteht aus Träumen und Liebe.

Letzteres ist tatsächlich ein Kühlschrankmagnet.

Als Simon mit einem Beatmungsgerät nach Hause geschickt wurde, weinten die Krankenschwestern in der

Klinik. »Gott bürdet dir nicht mehr auf, als du tragen kannst«, sagte eine, als wir uns zum Abschied umarmten. Gott scheint ziemlich erfinderisch zu sein, denke ich, oder aber er sieht in mir eine Herausforderung.

Überall sind Krankenschwestern und Pfleger. Sie sind eine fröhliche Schar guter Seelen, unter die sich ein paar wunderbare Sonderlinge mischen. Unser Zuhause ist eine Drehtür für ein ganzes Spektrum an Persönlichkeiten. Eine Pflegerin steckt mir geweihte Medaillons zu, während sie mir feierlich versichert, dass der Teufel persönlich mit ihr spricht. Der Teufel trägt ihr auf, böse Dinge zu tun. Eine Nachtschwester mit schaurig bleichem Gesicht versteckt sich in den Ecken im Korridor und stürzt sich auf mich, wann immer ich vorbeikomme. Um ihren tauben Ohren zu trotzen, muss ich jedes Wort brüllen, dabei ist es ihre Aufgabe, das Babyfon zu überwachen, um sicherzugehen, dass Simon noch lebt. WAS? Heute ist die Nacht der Untoten.

Für mich war das Zuhause immer Farbe. Zuhause – das ist eine warme Farbe. Ein wirbelndes Orangegelb wie der Sonnenschein. Mit einer Tasse Tee in der Hand sitze ich da und lausche dem Chor des Vogelgesangs. Die Morgensonne ist so leuchtend, dass sie die Küchenwand in reines Orange taucht.

Mir war nie bewusst, dass Hippies solche Kontrollfreaks sind. Nimm dich vor den Pflegerinnen in Acht, die mit großem Schmuck und Naturheilmitteln bewehrt sind. Gegen ihren Willen kommt man nicht an. Wenn du dich ihnen nicht anpasst, dann hauen sie ab. Simon ist ein junger Mann, der in einem bewegungslosen Körper gefangen ist. Den Hippies stellt sich die geballte Ladung entgegen. Also hauen sie ab.

Auf der Suche nach innerem Frieden muss ich den Schmerz aussperren. Da sich der Schmerz aber weigert, hinter Schloss und Riegel zu bleiben, stelle ich ihn für kurze Augenblicke draußen ab. Diese Augenblicke sind meist Rituale, die mit Kaffee zu tun haben. Ich braue mir meinen Kaffee in einer kleinen Kanne und trage ihn in einer Tasse weg von dem ganzen Chaos. Ich muss über ein Wochenende mit zwei neuen Pflegern nachdenken. Wieder kommen zwei neue Pfleger in unser Haus. Ich werde mich an den Rändern unseres Hauses niederlassen. Einen kurzen Augenblick lang werde ich einfach aus dem Fenster sehen und meine Birke betrachten, zumindest so lange, bis die Tasse geleert ist.

Pfleger mit lauten Schuhen. Riesige Männer, die nicht ins Haus passen. Unter den Türstöcken müssen sie sich bücken. Winzige Frauen, die nicht bis zum Geschirrschrank hinaufreichen. Die Agentur hat uns eine spanische Helferin mit Spina bifida geschickt, die kaum laufen kann. Sie weint, weil sie es nicht schafft, auf unser Doppelbett zu klettern, um dabei zu helfen, Simon hochzuhieven. Immer noch weinend schickt die Pflegerin sie weg. »Ein sehr emotionales Volk«, sagt sie.

Wie ein großes wütendes Geflecht jagt mich der Schmerz durchs Haus. Ich schreibe Pläne, es zu entwirren. Ich gehe auf Abstand. Auf meiner Liste stehen Sachen wie: zweite Mikrowelle kaufen, Wasserkocher für das Schwesternzimmer. Vielleicht hilft das. Ordnung zu organisieren könnte helfen, das Chaos aber lässt sich nicht organisieren. Also mache ich einfach weiter.

Eine Schwester in Clogs und schlichtem Rock erklärt, dass sie jegliche moderne Technik ablehnt. Aus religiösen Gründen. »Ich brauche kein Radio, ich singe und spreche mit den Vögeln!«, zwitschert sie. Ihr Auto ist voll fleckiger Plastiktüten und Kleiderbügel mit Klamotten. Es gab einen Brand, jammert sie. Sie fischt ihr Hochzeitsfoto aus einer Plastiktüte. Das Brautkleid hat die Farbe und Beschaffenheit krümeligen Graubrots. Ich frage mich, ob das Kleid selbst auch im Auto ist. Sie singt und schenkt mir immer wieder nach Rosen duftende Seife. Sie jagt meine Mutter durch die Küche, weil sie ihre Schultern massieren will, und ruft dabei: »Sie sehen verspannt aus!« Jetzt muss meine Mutter in die andere Richtung rennen.

Ich bleibe in Bewegung und beschäftige mich mit allen möglichen Dingen. Ein guter Freund hat mir eine Kaffeetasse mit einem großartigen Spruch geschenkt. »Ein sauberes Haus ist Zeichen eines vergeudeten Lebens.« Hier wird genug vergeudet, also lass ich es bleiben. Stattdessen streiche ich Dinge farbig an. Ich schleife unseren Briefkasten ab und streiche ihn in einem Postkastenrot. Ich schleife und streiche die Bank im Garten und die Hintertür im selben Leuchtfeuerrot. Auf Händen und Knien krieche ich um unser Backsteinhaus und umgebe es mit einem türkisgrünen Sockel. Ich bin trunken von all dem Grün und kräftigen Blau im Garten. Zuhause ist Farbe. Damit geht es mir einfach besser.

Viele Pfleger bringen Geschenke mit, ob geweihte Medaillons, Pfefferkörner oder Bademäntel für die Kinder. Anders als meine Mutter nehme ich die Massageangebote an, insbesondere während der Schwangerschaft, als meine Füße geschwollen und wund sind. Eine Schwester gibt mir eine Kopfmassage mit Unmengen von Wärmecreme, und es pustet mir den Schädel weg. Nach diesem Erlebnis hinterfrage ich mein Mantra, Ja zu sagen.

Ich bemale Gegenstände und koche scharfe Speisen. Manchmal backe ich auch, aber ich bin eine schreckliche

Bäckerin. Dabei ist Präzision gefragt, also zerfallen meine Kekse. Kochen hingegen beruhigt mich und lässt das Haus mehr nach Familie riechen. Eine Pflegerin rennt mit rotem Gesicht und hervortretenden Augen aus dem Zimmer – es stellt sich heraus, dass sie extrem allergisch auf Chili reagiert. Allein der Dunst treibt sie schon auf die Straße. Es könnte passieren, dass sie wie ein Ballon anschwillt und Adrenalinspritzen gegen den anaphylaktischen Schock braucht. Meine Kochkunst könnte sie tatsächlich umbringen. Schändlicherweise kriege ich im Angesicht des potenziellen Todes einen Kicheranfall.

Mein Kühlschrank ist ein chaotischer Wandteppich aus Farbe. Kinderzeichnungen, hingekritzelte Gedichte und alte Fotos bedecken ihn in einem wilden Durcheinander. Ich besitze nur einen einzigen Kühlschrankmagneten. Genau in die Mitte geklatscht verkündet er: Auch das geht vorbei.

Gute Pfleger kommen und gehen. Caits Stimme klingelt wie eine Glocke und erfüllt das Haus mit Geigenklängen. Eine draußen geparkte Honda Shadow bedeutet, dass der junge Adam mit seinem Peter-Pan-Herzen da ist. Paula bringt Schabernack ins Haus und Gelächter. Die Zwillinge erlauben Anna, ihnen den Po abzuwischen, nachdem sie auf dem Klo waren. Das ist das größtmögliche Lob. Der sanftmütige Benedict teilt so viele TUC-Kekse mit den Kindern, dass sie sie in Benedict-Kekse umbenennen. Gute Pfleger kommen, und dann gehen sie wieder.

Sich zu bewegen bedeutet zu rennen, doch man kann nicht ewig wegrennen. Wegzurennen hat noch kein Problem gelöst. Oder? Ich brauche meine Augenblicke des Rückzugs von den Pflegern. Durchhalten. Keine Erwartungen, als zu überleben. Auch das geht vorbei.

Die Fahrten zur Schule hetzen mich. Ich wünschte, ich könnte dazwischen einmal pausieren, in eine Ritze in der Wärme des geparkten Autos schlüpfen und die Zeit anhalten. Rennen bedeutet sich zu bewegen. Hör nicht auf, dich zu bewegen. Wegzurennen heißt, sich Augenblicke zu gönnen. Unser Spitzen-Sechserpack aus Jack, Raife, Arden, Sadie, Hunter und mir kann rennen, zu siebt aber können wir es nicht. Mir ist nur zu bewusst, dass es eine Flucht ohne Simon ist. Ich ringe damit, aber ich brauche sie. Wenn Simon mit uns rennen könnte, würden wir für immer rennen. Aber er kann es nicht. Deshalb denken wir uns Ausreißer-Tage aus.

Dann taucht Marian auf. Anfangs ist sie sehr still, aber ihre Augen lächeln. Sie redet, wenn man sie anspricht, lacht und strickt Schlauchschals für alle Kinder in fünf verschiedenen Farben. Meine Kochkünste begeistern sie. »Ich bin eine furchtbare Köchin«, kichert sie, »aber ich bin verdammt gut darin, jemanden im Bett zu waschen.« Es ist wichtig, seine Stärken zu kennen, antworte ich, und wir beide lachen. Marian gehört zu den Menschen, die wissen, worin sie gut sind.

Wie funktioniert ein Alleingang mit fünf unter zehnjährigen Kindern? Ist das nicht gefährlich? Wir bewegen uns im Chaos voran. Wir gehen zu Tesco, und Gesichter verziehen sich. In unserem Fahrwasser drehen sich die Köpfe. Meine Kinder liegen in den Gängen und dreschen im Einkaufswagen aufeinander ein. Chaos kann Spaß bedeuten. Wir spielen das Einkaufsspiel. Jedes Kind darf eine Sache aussuchen, und so kehren wir beladen mit Riesenbiskuitrollen und Cupcakes nach Hause zurück. Wir laufen durch IKEA und gehen ungeniert in die Gegenrichtung der Pfeile. Wir rasen in die Bucht und klettern auf Felsen, schleudern Steine hinaus und heulen dem salzigen Wind entgegen. Das Rauschen des Meeres ist das einzige Geräusch, das diese Schar übertönen kann.

An Ausreißer-Tagen sind wir das Chaos. Wir sind Könige und Herrscher über den Spielplatz. Legt euch bloß nicht mit uns an. Besuchen wir andere Leute, dann ringen sie in der Stille des Nachbebens um Luft, wenn unsere lautstarken Verabschiedungen vorüber sind. Meistens aber sind wir sechs unter uns. Das Chaos ist reine Farbe. Mit Stöcken, die zischend durch die Luft sausen, spazieren wir durch Wälder. Wir fahren zum Discounter Dealz und kaufen Plastikschwerter und Riesenkartons voller Tee-beutel. Wir schlagen im Asiamarkt auf, in dem es vielerlei Gewürze und merkwürdige Süßigkeiten gibt, die aus-sehen wie Plastik. Das macht unser Einkaufsspiel weitaus interessanter.

Wir erlauben uns Ausreißer-Tage, weil wir an anderen Tagen bei Simon sind. Immer kehren wir nach Hause zurück. Wir bringen Farbe mit, bis es wieder Zeit wird, wegzurennen. Ich weiß nicht, ob ich auf diese Weise leben kann. Ich weiß nicht, wer ich bin, worin ich gut bin oder wie ich hier ein Zuhause errichten kann. Geht es Simon gut? Geht es den Kindern gut? Was macht das alles mit uns?

Marian ist der gütigste Mensch, der mir je begegnet ist, und sie ist überall. Ihr Strickzeug liegt auf der Couch. Ihre halbgegessenen Mahlzeiten sind in der Küche verteilt, aber es kümmert mich einen Dreck. Es macht nichts aus, weil ich vor Marian nicht davonlaufen muss. Niemals.

Marian sieht Farben und Energiefelder. Eines Tages kommt sie zur Arbeit und lacht heraus: »Schau nur, was du mit deinen Malerarbeiten angestellt hast, Ruth!«, sagt sie mit kindlicher Begeisterung. »Du hast dein Haus mit den Farben Rot, Grün und Blau umgeben. Rot und Grün sind die Engelsfarben von Liebe und Heilung. Blau ist die Farbe des Schutzes. Du hast ein Kraftfeld errichtet!« Durch ihre Augen kann ich es erkennen. Ich habe mein Bestes getan, um uns hier ein neues Zuhause zu erschaffen. Und das Beste daran ist: Vielleicht kann ich sogar gut darin werden.

Aifric

Meine Freundin Aifric ist wie ein Wunschbrunnen. Seit unserem dritten Lebensjahr werfe ich Wünsche in ihre Richtung. Als Teil einer neunköpfigen Familie mit vier Schwestern ist Aifric schon ihr ganzes Leben von Chaos umgeben. Sie ist der gelassenste Mensch, den ich kenne. Alle fünf Schwestern haben etwas Ätherisches an sich. Einen leichten, magischen Schritt, der nicht ganz von dieser Welt ist.

Der siebenjährige Arden stapft in die Küche und verkündet, dass er von zu Hause weggeht. »Tut mir leid, Momma«, sagt er mitfühlend und legt die Hand auf meine Schulter. »Das Haus von meinem Freund Jack Diamond ist tausendmal cooler. Da gefällt's mir einfach besser.« Ich lächle und umarme ihn, weil ich ihn verstehe. Als Kind dachte ich ganz genau dasselbe über Aifrics Zuhause. Arden geht einen Schritt weiter und packt tatsächlich eine Tasche. »Keine Angst, ich liebe dich trotzdem«, fügt er im Nachsatz hinzu. Mit einem Stock und einem Samurai-Schwert bewaffnet zieht er los.

Nach unserer Hochzeit lebten wir in Greystones, wo Simon aufgewachsen ist. Das Meer war atemberaubend, doch ich fuhr eher daran vorbei, als dass ich hineinsprang. Ich hatte es so eilig, Kinder zu kriegen, dass unser Haus zu klein wurde. Wir brauchten ein größeres Schiff. Eine Schar Kinder zu machen ist eine Sache. Bei Simon und mir ging das schnell. Wie aber findet man seine Sippe? Wie findet man seine Leute, wie findet man heraus, wohin man gehört? Das dauerte bei uns. Wir mühten uns ab, einen Ort zu finden, an dem wir Wurzeln schlagen konnten.

Mein Lieblingsort als Kind war die Küche in Aifrics
Haus. Sie war groß genug, dass alle darin Platz finden
konnten. Sie war warm genug, um jeden darin aufzunehmen. Ein heißer Ofen und der Duft nach warmem Torf.
Wenn es Zeit fürs Abendessen war, stellten sie den Inhalt
des Kühlschranks auf die Küchentheke. Jeder konnte sich
aussuchen, was er essen wollte. Sieben Kinder, ein paar
Freunde und vielleicht noch ein sonnengebräunter Tramper, den ihre Mutter auf der Hauptstraße eingesammelt
hatte. Die Tramper bekamen immer ein Bett für die Nacht.
Aifrics Küche konnte alles in sich aufnehmen. Wir durften
jegliche Art von Sandwiches machen, auf die wir Lust hatten. Wir rollten Brotscheiben um ganze Bananen. Oben
drauf schaufelte ich Frischkäse und Honig. Warum nicht?

Simon war am Meer aufgewachsen und wollte am Meer
bleiben. Zuerst suchten wir dort nach einem Haus. Es gab
so viele Küsten auf dieser Insel, aus denen wir wählen
konnten. Unsere Suche reichte von Sligo bis zu den weiten goldenen Sandstränden von Donegal. An wild zer-
klüfteten Küstenstrichen fantasierten wir über ein anderes Leben, irgendwo in einem Cottage. Die Kinder könnten sich frei und ungezügelt austoben. Sie hätten eine
großartige Kindheit, bis die Pubertät sie heimsuchte.
Dann könnten sie die Tage damit zubringen, unseren riesigen Rasen zu mähen, die missbilligenden, großen Kopfhörer auf den Ohren. In ihrem Herzen würde echter Hass
gedeihen. Es war eine romantische Vorstellung.

Der Immobilienboom hatte unserem ersten Haus in
Greystones eine astronomische Wertsteigerung beschert.
Wir verkauften es für eine irrwitzige Summe. Der Gedanke, in einem kreativen Wunderland ohne Hypothek zu
leben, ließ uns schwindeln. Voll übersprudelnder Liebe

und Verheißung brachen wir ans andere Ende der Insel auf. Nichts Geringeres als das reine Wunder wäre gut genug für uns. Die Möglichkeiten sind unbegrenzt, wenn man sich für unbezwingbar hält.

Manchmal überkommt mich die Wut. Dann lasse ich eine Kanne mit solchem Lärm von der Spüle krachen, dass alle meine Kinder zu weinen anfangen. Jack rennt aus dem Zimmer. Ich gebe mir alle Mühe, aber manchmal breite ich meine Last wie zerbrochenes Glas zu ihren Füßen aus. Meine Freundin Aifric wütet nie. Sie sinniert und wägt ab. Als ihre Mädchen eines Morgens besonders schlimm brüllten, bestrich sie langsam ihren Toast mit Erdnussbutter und kletterte auf die Küchentheke. Ganz ruhig saß sie da oben und knabberte an ihrem Toast, bis sie ihn aufgegessen hatte.

Aifric ist wie ein Wunschbrunnen, weil man ihr einfach alles erzählen kann. Nie fiele ihr ein, etwas weiterzugeben. Sie behält Geheimnisse nicht nur für sich, sondern sie sind bei ihr für immer ganz tief verborgen. Sie bewegt sich sanft und voll Anmut. Sie bleibt ruhig und besonnen, wenn die Welt um sie herum tobt. Mir erscheint es zutiefst paradox, dass ihre drei Töchter so hitzige Kobolde sind. Im Kreis tanzen sie um sie herum. Manchmal wirkt sie etwas überrascht. Sie bildet das ruhige Zentrum.

Wir entdeckten unser erstes Haus an einem unerwarteten Ort. Es lag eine halbe Stunde von meinem Elternhaus entfernt. Kein Meer in Sicht. Dem Meer den Rücken zu kehren war eine der größten Liebesbezeigungen, die Simon mir je erwies. Das erkenne ich erst im Rückblick, weil ich mittlerweile selbst niemals vom Meer wegziehen könnte. Noch nicht einmal für ihn. Unser Haus im County Louth an der Grenze nach Monaghan nannten wir North Cottage. Da gab es sanfte Hügel und Apfelbäume. Die Küche besaß einen Profiherd, und in der Tür, die in den Garten hinausführte, konnte man die obere Hälfte öffnen. Nach vorne hatten wir einen Lattenzaun. In der Abenddämmerung sahen wir die Silhouette eines Zugpferds auf dem nahen Hügel. Für zwei Romantiker war es ein wahr gewordener Traum.

Anfangs kannten wir niemanden, aber wir brauchten auch niemanden. Freunde waren zweitrangig. Wir waren unsere eigene Sippe in perfektem Einklang miteinander. Unsere Kinder waren frei wie der Wind und hatten Grasflecken an den Knien. Unsere Katze war außer Rand und Band und hinterließ die Gedärme massakrierter Mäuse an der Terrassentür. Simon schrieb an seinem ersten Filmdrehbuch. Ich gab vor, ein Buch zu schreiben, vertrödelte aber die meiste Zeit mit meinen Babys. Wir besaßen Kinderbetten und alte Bücherregale und einen warmen Ofen. In Gummistiefeln spazierten wir über die Felder.

Es gibt ein paar Überzeugungen, die ich zum Thema Freundschaft habe. Gute Freundschaften beruhen auf gegenseitiger Anziehung. Sie erwachsen aus Liebe. Wenn ich lesbisch wäre, wäre ich verrückt nach Aifric. Sie ist absolut umwerfend. Ihre Attraktivität ist mehr als bloß physischer Natur, sie ist geradezu mystisch. Sie erinnert mich daran, dass ich mir niemals die Arroganz erlauben sollte, zu glauben, dass ich jemanden durch und durch kenne. Als Freundin lese ich in ihr schon mein Leben lang wie in einem wunderschönen, geheimnisvollen Roman, dessen Rätsel nie aufgedeckt werden kann. Dieses Rätsel ist keine List. Der Wunschbrunnen ist ganz einfach tief.

Wenn man jung ist, können einem Mädchen Angst einflößen. Sie sagen das eine und meinen etwas anderes. Es ist einfach nur gemein. Was haben sie im Sinn? Kein Intelligenztest der Mensa-Vereinigung für Hochbegabte ist derart brutal und zermartert dir so das Hirn. Ich habe verdrängte Erinnerungen an ausweglose Momente in heißen, verschwitzten Schlafsäcken voller Tränen und Rotz. Auf einer Übernachtungsparty kaure ich mich in meinen Kokon, während die anderen Mädchen lachend über mich springen. Ich weiß nicht mehr, warum, ich weiß nur, sie waren gemein.

Ich bin mit vier Brüdern aufgewachsen. Jungs sind einfach, geradeheraus. Wenn sie gemein sind, dann meinen sie es auch so. Wenn sie Hunger haben, dann essen sie. Eine meiner schönsten Jungs-Erinnerungen ist, wie ich den Freund meines Bruders im Garten zu Boden gerungen habe, als er mich ärgerte. Danach gaben wir uns die Hand. Ganz einfach. Mit Mädchen zu ringen war um ein Vielfaches heikler.

Die ALS zerstörte unseren romantischen Traum. Sie machte aus unserem North Cottage ein Gefängnis. Krankheiten haben eine seltsame Wirkung auf Freundschaften. Du fühlst dich klein. Wie kannst du Freunde gewinnen, wenn du dich unansehnlich fühlst? Plötzlich genügte es nicht mehr, nur einander zu haben. Diese Sache war einfach zu groß, um sie allein zu ertragen.

Die Familie half uns, doch wir beide sehnten uns nach Freundschaften. Wie sollten wir ausgerechnet jetzt neue Freunde finden? Wie kann man Freundschaften am Leben erhalten, wenn die Krankheit zur Tür hereinspäht? Es schien undenkbar, neue Freundschaften zu schmieden. Hier hatten wir keine Wurzeln. Gab es einen Ort, an den wir gehörten? Wie Geister schweiften wir umher, ohne festen Boden unter den Füßen. Unsere Gestalt veränderte sich ständig, und die Menschen spazierten geradewegs durch uns hindurch.

Ehe ich das Meer und meine Schwimmsippe fand, hatte ich Aifric. Schon immer genieße ich, den Raum mit ihr zu teilen und ihr Geheimnis zu bewundern. Wie findet man den Ort, an den man gehört? Die ALS hatte uns der Möglichkeit beraubt, frei zu wählen. Wir zogen zurück nach Greystones. In die Sicherheit. Dort existierte ein Netzwerk aus Familie und Freunden, das sich um uns legen konnte.

Auch Aifric und ihr Mann lebten in Greystones, und es fügte sich, dass wir gar nicht weit voneinander entfernt wohnten. Mit unserer vereinten Kinderschar versammelten wir uns in meiner Küche und kochten uns ein Abendessen. Eine Gemeinschaft, für die es keine Worte gibt.

Aifric ist eine Freundin, die ich nie finden musste. Jenseits meiner Freundschaft zu Aifric machte ich mir Sorgen, ob ich nach Greystones gehörte. Wie sollte ich es überhaupt herausfinden? Das meiste muss man gar nicht herausfinden, weil es die ganze Zeit schon da ist. Wirf noch einen Wunsch hinaus in eine beliebige Richtung. Wird er beim Auftreffen einen Platscher machen? Warte einfach ab, wohin du fällst.

Ergonomie

Simon hat ein eigenes Hemdensystem. Seine Hemden sind derart raffiniert, dass sie sogar versteckte Knöpfe besitzen. Sie werden in Seidenpapier und glatten Kartons verkauft. Sie stecken in festen, glänzenden Einkaufstüten. Protzige Taschen tragen große Namenszüge und sind mit Schleifen verschnürt, die Handgriffe sind dicke Kordeln. Die Hemden geben Simon ein gutes Gefühl. Sie sind Geschenke seiner Mutter. Sie geben ihm ein so gutes Gefühl, dass seine Mutter ihm immer wieder neue kauft.

Manche der Hemden sind ein bisschen verrückt. Manche sind geblümt. Manche albern, mit aufgedruckten Fahrrädern, Sternchen oder winzigen Teekannen. Ganz viele sind gestreift, gepunktet oder kariert. Alle werden liebevoll und fachkundig von den geübten Händen seiner Mutter gebügelt. Symmetrisch ordnet sie sie in den Schubladen unserer Schlafzimmerkommode an.

Statistiken sind Weltanschauungen, an die viele Menschen sich vertrauensvoll halten. Die Statistiken für ALS bringen nur wenige vertrauensvolle Glöckchen zum Klingen. Sie machen dich ganz einfach sehr, sehr unglücklich. In Irland sterben jährlich durchschnittlich einhundertzehn Menschen an ALS. In den USA stirbt alle neunzig Minuten jemand, in England sechs Personen täglich, das macht knapp zweitausendzweihundert pro Jahr. Innerhalb der nächsten zwölf Monate werden weltweit hunderttausend Menschen sterben. Um dem Ganzen die Krone aufzusetzen, bleibt eine Spanne von drei bis vier Jahren Lebenserwartung. Ein Neurologe erklärt uns, dass eine ALS-Diagnose in etwa der Umkehrung eines Lottogewinns entspricht. Für meinen Geschmack geht das zu weit. Sorgfältig wäge ich seine Worte ab. »Was für ein Arsch«, ist statistisch gesehen meine wahrscheinlichste Antwort.

Krankheit ist ihrem Wesen nach etwas Regelloses. Das Gesundheitssystem schießt herab, um zu sorgen und zu dienen. Oder etwa nicht? Ergotherapeuten, Sozialarbeiter, Ernährungsberater, Physiotherapeuten – das Gesundheitswesen ist für jedermann da. Sie alle sind supernett und haben laute Stimmen. Ihnen sind Besprechungen äußerst wichtig. Es finden eine Menge Besprechungen statt, in denen Pläne gemacht werden. Die Pläne müssen verschriftlicht werden. Das nennt man dann Pflegeplan. Ich mag verbittert klingen, meistens aber bin ich nur verwirrt. »Ich muss bloß ein paar Kästchen ankreuzen, Ruth« ist mein absoluter Favorit unter den Redensarten bei Besprechungen.

Manchmal sind Systeme etwas Schönes. Wir kommen in der Welt zurecht, weil wir Gewohnheitstiere sind. Jeden Tag mache ich mir meinen Kaffee in der gleichen Reihenfolge. Die falsche Tasse verdirbt mir die Stimmung. Mein Sohn zieht sich nicht an, wenn er nicht mit den Socken beginnen kann. Ist das liebenswert? Vor der ALS sprang Simon jeden Morgen aus dem Bett und zog die Vorhänge auf. Auf den Knien begrüßte er mit ausgestreckten Armen die Sonne oder ihr Fehlen, die Augen geschlossen, und flüsterte ein stilles Gebet. Sein System war schlichter Dank.

Sicherheitssysteme beschwichtigen unsere angeschlagenen Seelen. Sie sind eine Religion für die Kranken. Systeme sollen uns retten und Gelassenheit geben. Die Zeit ist ein Gefängnis planmäßiger Gewohnheiten. In allen Fragen die Ordnung wahren! Ab welchem Zeitpunkt wird es zur Obsession? Zur Marotte? Pflege deinen zwanghaften Wesenszug. Klammere jede Unordnung aus. Nimm den Sonderling in dir an. Vielleicht sind wir alle ein bisschen krank.

Die Mühlen des Gesundheitswesens können gar nicht schnell genug mahlen. Immer besteht die Möglichkeit, dass die ALS schneller ist. Es ist ein System mit einer sehr eigenen Sprache. Die Sprache ist wichtig, ebenso wie das Kästchenankreuzen. Man muss eine Menge Sorgfalt darauf verwenden, selbst in der Frage, welche Bezeichnung man Simon gibt. Ein Invalider hat keinen Wert. Patienten werden nicht geduldet. Wie sind Sie heute in Form? Füllen Sie doch einfach dieses Formblatt aus. Unheilbar impliziert unvollkommen, ein Gebrechen verursacht Abscheu. Lassen Sie uns Simon den »Pflegedienstnutzer« nennen. Ist er auf einen Rollstuhl angewiesen? Perfekt. Kreuzchen gesetzt. Wir nennen ihn den Klienten. Das Wörtchen Klient passt gut in das Reich der Begrenzung und Einschränkung.

Wir kommen nur kurz für eine Begutachtung vorbei. Was soll begutachtet werden? Wer wird begutachtet? Sie oder wir, ich oder er? Unsere Kinder? Das Wort Begutachtung macht mich nervös. Sozialarbeiter machen mich noch nervöser. Beurteilen sie mich? Muss ich mich bedanken? Warum sind sie hier? Soll ich ihnen einen Tee anbieten? »Was brauchen Sie?«, fragen sie mich. »Wir nehmen alles auf.« Jemanden zum Reden? Nun ja, so etwas haben sie nicht im Angebot. Für mich gibt es keine Therapie außerhalb der Gespräche mit Bäumen. Die Bäume erwähne ich besser nicht.

Berücksichtigt man das Beatmungsgerät ein paar Jahre später, dann wirft die ALS alle Statistiken über den Haufen. Am Atemgerät entwickelt Simon sein ganz eigenes

Sicherheitssystem. Wie sollte man es ihm verdenken? Er kann sich weder bewegen, noch essen, noch atmen. Er kann alles empfinden, einschließlich Angst. Wie behältst du im Angesicht der Angst die Kontrolle? Wenn das Vertrauen in fremden Händen liegt und die Pfleger dein Leben nur kurz passieren, wie kannst du dich sicher fühlen? Hier hilft ihm sein System. Es ist das großartigste, unglaublichste, atemberaubendste System überhaupt. Die Aufgaben müssen in einer speziell vorgegebenen Reihenfolge erledigt werden. Geben Sie dem Mann im Bett keine Anordnungen. Gute Pfleger können das System erlernen. Es ist einfach. Vergisst du die Reihenfolge, musst du von vorne anfangen. Diese Pfleger können gern gehen.

Als Simon erst ein paar Monate im Rollstuhl sitzt, schickt man mich in einen Kurs zur manuellen Handhabung. Ich bin eine eifrige Schülerin. Ich kenne schon ein paar Griffe. Ich bin stolz auf die Kniffe, die ich schon kann, und darauf, wie wir uns eingerichtet haben, und freue mich darauf, meine Tricks vorzuführen. Ich mache meinem Mann gegenüber ein paar obszöne Witze über die manuelle Handhabung von Männern, bevor ich vom North Cottage zum Schulungszentrum in Louth aufbreche.

Der Kurs ist für Pfleger und Krankenschwestern und für mich. Ich sitze zwischen fröhlichen Hallos und nigerianischen Frauen, die ihre Hände unter den Busen legen und unbeschwert mitlachen. Ununterbrochen melde ich mich zu Wort und stelle Fragen. Alle meine Handgriffe werden mit einem Stirnrunzeln und einem fetten Ungenügend quittiert. Die gebilligte Kundenhandhabung erfordert mindestens zwei Personen. Zu Hause aber gibt es nur mich. Ich bin ein Einmannbetrieb. Ich bemühe mich, nicht jedes Mal in Tränen auszubrechen, wenn die vergnügte Ausbilderin über den Pflegedienstnutzer und Ergonomie spricht. Was zum Teufel meint sie mit Ergonomie? Zu Hause werde ich das Wort nachschlagen müssen.

Die dauergebräunte Frau hinter mir flüstert mir ins Ohr, dass es nicht einfach ist, sich abzugrenzen, wenn man jemanden zu Hause betreut. O Gott. Sie denkt, ich bin wie sie eine Pflegerin. Ihr ist nicht klar, dass ich das Zuhause bin, von dem sie spricht. Ich muss jetzt dorthin, nach Hause. Der Pflegedienstnutzer, der Kunde, Gürtel, Gleitmatten, Rutschbretter. Ich kaufe mir eine Packung Zigaretten, sitze mit Sonnenbrille im Auto und rauche eine halbe Marlboro Light. Eigentlich rauche ich gar nicht, und ich trage nie Sonnenbrillen. Vom Weinen beschlagen die Brillengläser. Die Kippen sind eklig. So funktioniert das nicht. Vielleicht brauche ich harte Drogen. Ich habe einen dauerhaften Knoten im Magen.

Ergonomie bedeutet eine menschengerechte Arbeitsplatzgestaltung. Ich habe es nachgeschlagen. »Die Wissenschaft vom Zusammenspiel zwischen Menschen und anderen Bestandteilen eines Systems, sowie die Beschäftigung mit der Theorie, den Prinzipien, den Erkenntnissen und Methoden und ihre Anwendung auf Konstruktionen, die das Wohlbefinden und die Leistung des Systems insgesamt optimieren sollen«, heißt es im Internet. Vielleicht brauche ich noch eine Zigarette. Es ist nicht einfach, in der Ergonomie einen Zauber zu entdecken.

Mein Sohn Raife rast um sechs Uhr morgens mit aufgeregtem Geschrei in die Küche.

»Ich hab's geschafft. ICH HAB'S GESCHAFFT! ES HAT ENDLICH GEKLAPPT!«

»Was hast du geschafft?«, fragen wir alle so neugierig, wie man um sechs Uhr morgens eben sein kann.

»Heute Nacht habe ich beim Schlafen meinen Traum selber gesteuert.«

»Wow«, sagt Jack. »Das ist unmöglich.«

Unmöglich? Raife kann der Power Ranger des Schlafs werden, der Superman des Klartraumlands. Es ist durchaus möglich, dass er die Herrschaft des Hochkönigs der Träume übernimmt. Auf jeden Fall ist es weit wahrscheinlicher, als dass ich jemals diese beschissene Ergonomie in den Griff kriege.

Immer wieder kommen wir auf das Hemdensystem zurück. Simon sagt, dass ihm die ALS jedes Vergnügen genommen hat. Mir bleiben nur Kaffee, Whiskey und meine Hemden. Ich gönne ihm sein Vergnügen. Wie auch nicht? Da sind so viele Hemden, dass ich einen zweiten Kleiderschrank kaufe und in das Kinderzimmer der Zwillinge stelle. Ich räume fast alle meine Kleider dort ein, um mehr Platz für die Hemden zu schaffen. Seine Mutter kann einfach nicht aufhören, Hemden zu kaufen. Wie sollte sie auch? Sie helfen ihm. Und ganz offensichtlich helfen die Hemden auch ihr. Sie erweitert ihr Betätigungsfeld um gutsitzende Jacken, Schlafanzüge und weiche Cordhosen, die ganz genau passen.

Ein großer Bilderbuchmond prangt eines Nachts über dem Meer in Greystones. Ein großes Bilderbuchgrinsen zieht sich über mein Gesicht, als wir das Auto anhalten. Normalerweise starre ich bei Tageslicht aufs Meer hinaus. Nachts hören wir die dunkle Brandung. Heute füllt ein verrücktes, strahlendes Ungetüm den Himmel aus. Über die dunkle Wasseroberfläche tanzt ein kilometerlanger Mondpfad. Ich krame mein Handy heraus, um ein Foto zu machen. Genau dafür liebe ich den Mond. Man kann ihn auf einem Smartphone nicht einfangen. Auf meinem

Display sieht das Monster nicht größer aus als eine Stab-taschenlampe. Wie clever der Mond doch ist.

Mit Ergonomie kannst du die ALS nicht einfangen. Kurz nach dem Kurs für manuelle Handhabung in Louth renne ich im Haus von Baby zu Baby. Simon ist in seinem Studio am Gartenende. Als ich ihm Tee bringen will, rutsche ich auf dem Kies aus und falle ein paar Stufen hinunter. Es ist ein übler Sturz. Niemand ist da, um mir aufzuhelfen, also liege ich einfach nur da. Ich kichere über die Lage, in der ich mich befinde. Sozialarbeiter, kommt und seht. Ergonomie und System werden niemals den Sieg davontragen. Sie werden dir nur wieder und wieder das Gesicht in den Schotter reiben.

Währenddessen tanzen der Mond und die ALS einfach weiter.

Traurige Heldinnen

Meine Freundin Michelle ist eine Kriegerin. Nicht nur im Geiste. Ich glaube, sie ist wirklich eine Kriegerin; gut möglich, dass sie unter dem T-Shirt ein Kettenhemd trägt. Ganz bestimmt steckt irgendeine Art Schwert unter ihrem Kopfkissen.

Michelle bin ich das erste Mal in der Küche meines Freundes begegnet. Sie kochte ein veganes Festmahl. Ihren Fingerspitzen schienen Düfte zu entströmen, die einem das Wasser im Munde zusammenlaufen ließen. Sie war in der Lage, mit nicht mehr als einem alten Topf und einem Stock eine Mahlzeit für vierzig Personen zu kochen. Dieser Wirbelwind war die dunkelhaarige, hübsche Freundin von Simons Mitbewohner Galen. Wir waren nicht vierzig, sondern nur vier, und hatten genug zu essen.

Damals jobbte Simon als Kellner. Er balancierte Teller und ersann Geschichten, während er seinen Master an der Filmhochschule machte. Ich arbeitete beim Radio, und Galen war das hin und wieder auftauchende Fabelwesen aus dem Erdgeschoss, ein Journalist, der von einem gesellschaftlichen Ereignis zum nächsten eilte. Aus heiterem Himmel tauchte er auf, das Hemd offen und die Krawatte verrutscht. Wir setzten uns oft zusammen und aßen Berge von Michelles Speisen und lachten, so viel es nur ging.

Michelle ist eine kühle Brise, die über das Felsgestein fegt. Flüstere ihren Namen über die Meereswogen. Sie ist hübsch wie Pocahontas, und in ihren Augen lodert Wildheit. Im einen Augenblick kichert sie wie ein kleines Mädchen, im nächsten erzählt sie dir, dass sie forensische Psy-

chiaterin ist. Sie hat mit so vielen Mördern, Schwerver-
brechern und Vergewaltigern in diesem Land zu tun,
dass sie unter einem Pseudonym arbeitet. Ich stelle sie
mir bei der Arbeit wie Clark Kent im Anzug vor, mit Pfer-
deschwanz und schwarzer Hornbrille. Bei der Arbeit ist
sie keine Kriegerin der Meere. Da ist sie eine artige Dame
namens Laura in zweckmäßigen Schuhen.

»Momma, weißt du noch, wie du geträumt hast, dass
Sadie in eine Grube gefallen ist, die so tief war, dass du sie
nicht herausholen konntest, und sie dann gestorben ist?«
Ich muss mir meine Träume nicht merken, das macht
Raife für mich. Warum nur habe ich ihm den über seine
kleine Schwester erzählt? Das war ja eine großartige pä-
dagogische Leistung. Warum aber erinnert er sich so
detailliert daran?

»Das liegt daran, dass ich ein goldenes Gedächtnis
habe«, antwortet er.

Goldene Gedächtnisse ermöglichen goldene Erinnerungen. Für mich sind Details nicht so wichtig wie Gefühle – ein Glücksfall, denn ich kann mich an Details nicht
erinnern. Welches Jahr, in welchem Monat, um welche
Zeit und wie lange? Wen kümmert es? Mich jedenfalls
nicht. Den Erinnerungen ist es egal. Ich beanspruche sie
mit Körper und Seele, so lange ich sie fühlen kann.

Die Welt ist groß, doch kleinen Menschen gelingt es oft,
mit hoch erhobenem Haupt durchs Leben zu gehen.
Michelle hat, mit der richtigen Prise Wagemut und einer
fein gewürzten Vergangenheit, Ozeane durchschwom-
men und Berge erklommen. Sie hat in New York Straßen-
partys geschmissen. Es gab Reisen in Tourneebussen von
Rockbands und Abenteuer auf Weingütern. Keine große
Sache. Die zierliche Michelle erledigte das alles spielend.

Es gibt immer ein erstes Mal. Hast du dich je so lebendig und beflügelt gefühlt, dass es dir so vorkam, als sprühten Funken aus deinen Fingerspitzen? Deine Batterien sind geladen. Du steckst randvoll mit knisternder Energie. In deinen Innereien brutzelt es, in deinem Magen gärt es, deine Haarwurzeln prickeln. Erste Male können von Angst geprägt sein oder Spaß oder einer ungewissen Mischung aus beidem. Nach Galens Bad im Jachthafen hatten wir uns geschworen, den Sprung ins Wasser zu wagen. Ich erinnere mich nicht an das genaue Datum dieses ersten Schwimmausflugs mit Michelle und Aifric, das Gefühl aber war fraglos golden.

Michelle liebt Hunde. Einmal kletterte sie eine senkrechte Klippe in Greystones hinunter, um einen großen Windhund zu retten, der in den Bahngleisen eingeklemmt war. Sie trug ihn auf den Armen in Sicherheit, der Besitzer schickt ihr heute noch Weihnachtskarten. Sie kannte diese Klippen, von den Tagen als sie die Schule geschwänzt und dort oben gesessen hatte. Wie so viele nahmen sich Galen und Michelle mit den Kindern ein einjähriges Sabbatical in Australien. Anders als die meisten brachten sie ein neues Auto mit nach Hause, nebst einem riesigen, reinrassigen weißen Schweizer Schäferhund namens Casper.

Als ich Simon das erste Mal küsste, wurde ich fest an die Mauer eines Nachtclubs gepresst. Wir gingen nach Hause, blieben die ganze Nacht auf, von Kerzen umgeben, und redeten, redeten und redeten noch mehr, als gäbe es so viel zu sagen, dass wir nie mehr aufhören könnten. Sein Bart rieb mir das Gesicht wund, und am nächsten Tag hatte ich vier rosa Flecken. Mein vierzackiger Stern, sagte er dazu. War das besser, als im Meer zu schwimmen? Na ja, mach dir nichts vor. Schwimmen kann nicht besser sein als das.

Michelle, Aifric und ich kauern am Strand in der Bucht, im Schlepptau einer Entourage von Kindern, die unablässig in Bewegung ist. Die unter Dreijährigen laufen Amok. Michelles Baby, das Kriegskind Bodhi, sitzt wie Buddha behaglich in seinem Kindersitz im Epizentrum. Der Name Bodhi macht ihn fraglos zu einem zukünftigen Surffreak. Oder aber zu einem Buchhalter. Wie auch immer, hier kriegt er seine ersten *Point-Break*-Erlebnisse. Casper, der Hund, kreiselt wie ein Hurrikan um uns, keiner ist so scharf aufs Schwimmen wie er.

Wo wart ihr, als ihr es erfahren habt? Wir erinnern uns alle daran. Galen verunglückte mit seinem Rad auf der zweispurigen Schnellstraße N11. Er hatte den Kopf gesenkt, trat fest in die Pedale. Der Kopf traf so hart auf einen Laster, der auf dem Pannenstreifen abgestellt war, dass sein Helm in zwei Teile gespalten wurde, ebenso wie seine Wirbelsäule. Galens Unfall ist Greystones' ureigener JFK- oder Michael-Jackson-Moment. Ungläubig tauschen wir unsere Geschichten aus.

Es gibt einen Geheimclub der versehrten Seelen. Geschickt verborgen unter einem Lächeln hegen wir den Schmerz. Achten Sie auf die feine Anspannung in den Augenwinkeln. Ein ganz bestimmter verkrampfter Zug im Kiefer. »Sie knirschen im Schlaf mit den Zähnen«, erklärt mir eine Nachtschwester sachlich. Wortlos spüren sich die versehrten Seelen gegenseitig auf. Wir versammeln uns auf einem Kiesstrand, der ebenso gut ein verlassener Parkplatz sein könnte. Wir treiben einen zwielichtigen Handel. Still tauschen wir den Schmerz untereinander aus wie verbotenes Schmuggelgut.

Zusammengeschart stellen wir uns noch in Kleidern dem Wind entgegen. Zuerst ziehen wir die Schuhe aus, ein gemeinsamer Akt. Das ist unser unausgesprochenes Signal, das Zaudern zu beenden. Der Startschuss ist gegeben. Ich schneide eine Grimasse, während ich mit den Zähnen das Handtuch festhalte, um meine Gliedmaßen in den geblümten Badeanzug zu zwängen. Vielleicht sind wir an diesem ersten Tag vom Ufer aus ins Wasser gelaufen und dann zu den Stufen geschwommen. Als Anfänger lernt man schnell, dass es am besten ist, direkt von den Stufen hineinzuspringen. Mein abgekämpfter Körper erschaudert zaghaft, als er sich im September in einem Badeanzug wiederfindet, doch es hält nicht lange an. Zu zweit schwimmen wir hinaus, sodass immer jemand bei der Entourage bleibt. Michelle und Casper schwimmen beide Male.

Tief im Winter ist unser einziges Zugeständnis an die Kälte eine Badekappe. Ich mag es, wenn meine Füße auf den kalten Steinen eisig werden, ehe ich mich ins Wasser stürze. Andere Menschen bezahlen Geld dafür, um in schicken Wellnesshotels über Kiesel zu laufen. Als ich über die spitzen Steine zu den Stufen gehe, weiß ich, warum. Man mag mich eine Masochistin nennen, aber es fühlt sich großartig an. Ich kann diese Schwimmrituale erlernen, aber ich werde mich nie daran gewöhnen. Jedes Mal stehe ich in purer Angst auf diesen Stufen. Dein Geist schreit: NEIN! Jedes Mal ist es das erste Mal. Um hineinzuspringen, musst du dein Gehirn ausschalten. Sei still, Hirn. Mach einen Bogen um dein Gehirn, jetzt lenkt dich etwas anderes. Was zum Teufel tu ich hier? Das ergibt keinen Sinn. Und gerade deshalb ergibt es Sinn. SPRING EINFACH.

Wie ein Volltreffer erwischt dich das kalte Wasser. Wehr dich nicht gegen die Kälte. Lass los, lass sie in dich sickern. Aber es ist so kalt! Mach weiter. Auch das geht vorbei. Zehn Sekunden später spürst du den Schmerz nicht mehr. Zehn Sekunden später ist es nichts als Freiheit. Der Wind trifft auf die Wasseroberfläche und sprüht die salzige Gischt in die Gesichter. Eiswellen zerren unerbittlich an den Körpern, nehmen den Atem. In die schockierten Münder schwappt Meerwasser. Hustend würgen sie an dem metallisch salzigen Nachgeschmack.

Mit tauben, rosigen Körpern klettern wir wieder aus dem Wasser die Stufen hinauf. Hände greifen nach dem rostigen Geländer, um nicht auszurutschen. Wir reden und reden, wir können nicht aufhören zu reden und zu lachen. Wir sind Gebieterinnen über die Welt. Vom Meer geeint lachen wir und teilen dieses Gefühl. Ist das besser als Sex? Mach dir nichts vor, es ist nicht besser als alles andere.

Warum machen das nicht alle? Auf dem Pfad oberhalb von uns spazieren Leute vorbei. Nur ein paar Stufen den Weg hinunter, und du atmest den Fels und das Meer und das Salz und die Wildnis ein. He, du da, mit dem Hund und den Kopfhörern! Schalte dein Hirn aus! Komm her! Spring rein! Ohne Zweifel könnten wir zu den übelsten Schwimmpredigerinnen werden. Lasst uns die Welt Sprung für Sprung verändern.

Die zitternden Schwimmerinnen leuchten wie Diamanten. Meine Lippen sind blau. Michelles Gesicht hat sich ganz und gar geöffnet. Ihr Gang ist aufrechter. Aifric wirkt in erster Linie überrascht.

Am Ufer grüßen Leute mit Hunden Michelle. »Wie geht's Galen?«, keuchen sie mitleidig und drücken ihren salzigen Arm. »Du bist einfach unglaublich. Ihr seid beide unglaublich. Ich weiß nicht, wie ihr das hinkriegt. Ihr seid so *tapfer*.«

»Um Himmels willen, Michelle«, murmle ich. »Wir sind der Schwimmclub der traurigen Heldinnen.«

»Was zum Teufel macht Aifric dann hier?«, sagt Michelle, und gackernd brechen wir in wildes Gelächter aus.

Aifric hat im Club der leidgeprüften Frauen nichts zu suchen. Ihr Mann Phil ist viel zu gesund. Simon, Galen und er sind gemeinsam in Greystones aufgewachsen. Sie sind gute Freunde. Oft leistet Phil ihrem Rollstuhlgespann Gesellschaft. Simon und Galen haben beide dichte Haarschöpfe. »Immerhin werden wir niemals so kahlköpfig sein wie Phil«, scherzt Simon einmal. Eine Glatze als Schicksalsschlag, bei diesem Gedanken lachen beide sich schlapp. Das ist echter Rollifahrer-Humor. Aifric hat hier nichts zu suchen, aber das macht nichts. Wir auch nicht. Wir können keinen Besitzanspruch stellen. Und das tun wir auch nicht.

Superhelden

Ich habe beschlossen, eine Superheldin zu werden. Aus der Halbtür an der Terrasse brülle ich es hinaus in den Sternenhimmel. *Untersteh dich, ALS!* Ich glaube an die Liebe, und die Liebe bezwingt alles. Ich werde die Superheldin der Liebe sein. Die Nonne vernimmt ihre göttliche Berufung von ganz oben. Aber ich bin nicht blöd. Jeder Superheld braucht einen ordentlichen Anzug.

Es begann mit Simons Fuß. Der rechte Fuß wurde schlaff. Ich schob es auf die widerspenstige Kupplung des coolen schwarzen Cabriolets, mit dem er, unseren Ältesten, Jack, auf der Rückbank, viel zu schnell durch die Gegend raste. Dazu gehörte Unterricht in lauter Musik. Immer mit der Ruhe, Simon. Der rasante Dad ließ dein Herz ein paar Schläge aussetzen. Es war ein echter Kick, mit Simon schnell Auto zu fahren, während die Musik pulsierte. Jack reißt die Augen nicht weniger weit auf als ich. Seine pummeligen Hände wedeln im Rhythmus, er wiegt den Kopf, und der Babyspeck an seinen wunderbaren Wangen schwabbelt.

Wenn ich den Ruf nach der Superheldin höre, dann hole ich schnell meinen Anzug heraus. Im Internet besorge ich mir ein T-Shirt, auf dem vorne in schwarzen Lettern steht: »I'm fine«. Aus dem Brustkorb quillt eine widerliche Menge an grellrotem Blut. Ich liebe das T-Shirt, aber meinen Kindern macht es Angst, also trage ich es nicht oft. Mein gewöhnliches Hausfrauenkostüm wird es auch tun. Ich bin eine Undercover-Superheldin.

Der schlaffe Fuß hatte natürlich nichts mit dem Auto zu tun, es war die ALS, die Guten Tag sagte. Simon humpelt und braucht einen Gehstock. Im North Cottage höre ich ihn den Gang mit einer Krücke auf und ab gehen. Er will kräftiger werden, die ALS aber hat andere Vorstellungen. Jedes Scharren der Krücke auf den Fliesen nimmt unserem Landhaus ein wenig mehr von seiner Romantik. Die romantischen Träume rücken immer weiter in die Ferne.

»Arme Ruth, du bist so *tapfer!*«, schwärmen die Leute, bis Aifric oder jemand, der mich gut genug kennt, sie mit dem Ellbogen zum Schweigen bringt. Bemitleidet sie nicht, murmeln sie hinter vorgehaltener Hand. Sie kann das nicht leiden. Um Himmels willen bemitleidet sie nicht. Ich will mir das auf die Stirn tätowieren lassen. Bemitleidet mich nicht. Zieht Leine und bemitleidet uns nicht. Ist schon okay, wenn Blut aus meinem Brustkorb quillt. WIR KOMMEN SCHON ZURECHT.

Trennungen sind immer scheußlich. Es fällt schwer, sich von romantischen Träumen zu trennen. Simon humpelt mit mir ins Krankenhaus, als unser dritter Sohn Arden geboren wird. Die Diagnose ist sechs Monate her. Er sitzt neben mir und hält meine Hand. Sein Gesicht ist aschfahl, und schon bald humpelt er wieder weg. Sein Geist ist ganz damit beschäftigt, die Sache auf seine eigene Weise zu besiegen. Ich bin mir sicher, dass der Anblick seines neuen Sohnes ihn stärker macht. Er braucht etwas zu seiner Rettung.

Unter meiner Magerkeit verstecken sich geheime Muskeln. Ich könnte zur gleichen Zeit ausgewachsene Männer und Kinder hochheben. Versucht nur, mich zu bremsen.

Heiler und Heilige nehmen ihm Geld ab, als er mit seiner Mutter durchs Land humpelt. Als Kind wurde er einmal von Warzen geheilt, indem er seine Hände in der schmutzigen Vogeltränke eines unheimlichen alten Hauses wusch. Sie glauben an dieses Zeug. Den Ärzten, deren Geschäft düstere Diagnosen sind, glauben sie nicht. Sie vertrauen auf Warzenkuren. Ich glaube an die Kraft von Überzeugungen, weil sie Hoffnung geben, also haben sie meinen Segen.

Ein Heiler namens Nicholas sagt Simon, dass alles gut wird. Ich weine, als er mir davon erzählt, wie der Mann seine Hand nahm, um ihm Hoffnung zu geben. Deine arme Frau, sagte der Mann bloß. Aus irgendeinem Grund kann ich sein Mitleid annehmen. Mit voller Wucht trifft es in mein Herz. Nach diesem Mann, der der siebte Sohn eines siebten Sohns eines siebten Sohns ist, nennen wir unseren dritten Sohn Arden Nicholas. Er kommt im Dezember zur Welt, also denken alle, dass es mit dem Heiligen Nikolaus zu tun hat, aber wir wissen es besser.

Arden ist unser Kriegskind, und von Anfang an ist er dementsprechend tapfer. Im windgepeitschten Schulhof ist er das Kind, das mit weit offener Jacke dasteht, die Hose höchstwahrscheinlich verkehrt herum, und die Krawatte verrutscht. Er schwebt ganz einfach über diesen weltlichen Dingen. Mit drei Jahren stürzte er sich in Frankreich eine riesige Wasserrutsche hinunter. In elterlicher Urangst stürzte ich hinterher. Mir entwich ein gellender mütterlicher Schrei. Im Auffangbecken holte ich ihn ein und suchte nach Lebenszeichen. Geht es dir gut? Es ging ihm prächtig, er lächelte und zuckte die Schultern. Mein tapferes Löwenherz, nenne ich ihn.

Das North Cottage ist nicht länger unser Zuhause. Simon braucht Rettung, und diese Trennung fällt schwer. Am Anfang einer Trennung steht der Wunsch, zu dem Menschen zurückzukehren, der du einmal warst, einer älteren Version deiner selbst. Jemand, den du verstehst und wie-

dererkennst. Die ALS treibt Simon zurück in den Schoß
seiner Familie. Ihre Suche nach einer anderslautenden
Diagnose führt sie durch das Internet und Borreliose-Blut-
tests. Als die heiligen Männer nichts nützen, suchen sie
nach Warzenkuren mithilfe von Zeckenstichen und alter-
nativen Heilmethoden. Es führt sie in ein Gewerbegebiet
in England. Es nennt sich Krankenhaus. Dort behauptet
man, er habe Lyme-Borreliose. Sie wollen ihn intravenös
mit Antibiotika und Vitaminen behandeln und eventuell
eine Rückenoperation vornehmen. Simon humpelt mit
Mutter und Schwester nach England und bezieht dort
eine Wohnung. Er bekommt einen PICC-Katheter, um
seinen Körper mit Erlösung zu fluten.

Alternative Diagnosen suchen nach unkonventionellen
Heilmethoden. Ein Weg, über den Simon humpeln und
straucheln muss. Ich bin zufrieden, solange er an der
Hoffnung festhält. Die Wohnung strahlt keinerlei Wärme
aus, also mieten sie ein kleines Cottage auf dem Land und
fahren Simon jeden Tag zur Behandlung. Im Winter
schneit es, und es ist hübsch wie auf einer Weihnachtskar-
te. Abends skypen wir in den Küchen unserer jeweiligen
Cottages und sprechen über den Tiefschnee.

Monatelang ist Simon fort, und ich sitze mit unseren
drei Buben im North Cottage fest. Wir rennen im Garten
umher, aber wir sind nicht frei. »Wo ist Dadda?«, jammert
Jack. Am Abend heize ich den Kamin ein und füttere das
Baby, aus dem Korridor aber kommen keine Humpelge-
räusche. Die Landschaft ist stumm. Ich habe keine Angst
unter diesem Sternenhimmel. Es gibt Schlimmeres, wo-
vor man sich fürchten kann, dennoch vermissen wir ihn
sehr. Alles bewegt sich so schnell, aber in die falsche Richtung. Vor dem Haus steht Simons schnelles Auto mit leerer Batterie. Mit den drei Jungs hüpfe ich in mein eigenes

Auto und lasse mich übers Wasser navigieren. Es ist ein langer Weg von einem Cottage zum anderen.

Wir finden uns in einer ländlichen Idylle wieder. Der Schnee ist geschmolzen. Simon wurde fortgebracht, um geheilt zu werden. Eine Krücke und ein Schrank voller Vitamindöschen haben die Herrschaft übernommen. Das Humpeln ist schlimmer geworden, und er stützt sich jetzt auf zwei Krücken. Simon stützt sich auf seine Familie. Sie kochen Biokost und bereiten gesunde Snacks zu. Es gibt laminierte Listen lebenserhaltender Vitamine, die in einer bestimmten Reihenfolge zum Frühstück, am Vormittag, zum Mittagessen und Abendessen eingenommen werden müssen. Seine Mutter freut sich, Arden sein erstes Fläschchen zu geben. Es ist so hübsch und gemütlich hier. Ich verstehe, warum Simon sich sicher fühlt. Für mich ist es so sicher wie eine Gummizelle.

Jetzt, mit sieben Jahren, lässt sich Arden in einem schicken Friseursalon widerwillig das Haar schneiden. So gut es geht, entzieht er seinen Kopf der Schere. »Können Sie da Ordnung reinbringen?«, frage ich die Frau zweifelnd. Ardens Haar ist wie die Natur wild und widerborstig. Dieser Junge lässt sich ganz einfach nicht bändigen. Er treibt sich gern im Abseits herum. Am Wegesrand, zehn Meter von den anderen entfernt, dort findet man Arden. Gefährlich nah am Abgrund. Gleichzeitig ist er der geborene Herzensbrecher. Dieser Junge wird älter werden, fortgehen und die Welt bereisen, ohne einen Blick zurückzuwerfen. Ich kann nur hoffen, dass er hie und da für ein warmes Abendessen nach Hause kommt.

Die nette Frau ruft mich herbei. Schauen Sie sich an, wie sein Haar wächst. Da kann ich keine Ordnung reinbringen. Es wächst in zehn verschiedene Richtungen. Dieser

Junge ist nicht zu zähmen. Sogar sein Haar bescheinigt das. Ich betrachte Ardens Hinterkopf, an dem das Haar in chaotischen Wirbeln rauf- und runterwächst, und fühle mich beflügelt. Mein Geist wütet gegen die Erinnerung an einen Anblick, der das vollkommene Gegenteil war. Lange Reihen mit Döschen voller Vitamine.

Manchmal schlich ich mich in das Zimmer, nur um sie zu betrachten. Ich öffnete die Schranktüren und hielt voll Staunen die Luft an. Dieser ordentliche Schrank mit Vitamindöschen. Blicke deinen Ängsten ins Auge. Es müssen mindestens fünfzig gewesen sein. Diese klinisch weißen, glatten Plastikdosen in verschiedenen Größen. Einheitlich zeigten alle Etiketten nach vorne. Ich betastete sie, schob sie hin und her und rückte sie dann ängstlich wieder gerade. Ich hatte sie zu lange angestarrt und zu viel gesehen. Den ganzen Schrecken. Dieser Vitaminschrank jagte mir eine Scheißangst ein.

Das war der Moment, in dem ich beschloss, eine Superheldin zu werden. Wenn es das ist, was Simon braucht, dann kriege ich das hin. Du musst es hinkriegen, Ruth. Hol dir deinen Ehemann zurück. Nimm ihn mit nach Hause und richte dort meinetwegen einen Vitaminschrank ein. Seine Familie ist erschöpft, sie haben getan, was sie konnten, in dieser Sache sind wir uns also einig. Hol ihn nach Hause. Das Krankenhaus schickt ihm kistenweise intravenöse Vitamine und lässt sich für telefonische Konsultationen bezahlen. Es lohnt sich, und wenn es nur um den Hoffnungsschimmer in seinen Augen geht. Oder?

Im Vitaminschrank im North Cottage herrscht Durcheinander, die Etiketten verschwinden irgendwo in der Tiefe. Ich setze die Spritzen mit wundersamen rosa Tinkturen direkt in seinen Arm. Seine Venen sind vollgepumpt, doch es geht ihm trotzdem schlecht. Man muss die Luftbläschen herausklopfen, denn sie könnten ihn töten. Ich renne zwischen Ehemann und den Babys hin und her. Ich gebe mir alle Mühe, aber so schaffe ich es nicht. Mein Superheldenanzug passt mir nicht. Das ist der Augenblick, in dem ich mit dem Gesicht voran in den Kies stürze.

Alles geht zu schnell voran, während Simons Schritte immer langsamer werden. Aus der Diele kommt ein irrsinniges Rumpeln, und als ich hinrenne, liegt er zusammengefaltet wie ein halbes Sandwich am Boden. Er liegt auf dem Rücken, das Gesicht nach oben, und die Beine unter ihm zeigen in die falsche Richtung. Ich habe Angst, dass er sich die Knochen gebrochen hat, aber das hat er nicht. Seine Beine haben ihm einfach den Dienst versagt. Ich helfe ihm in den Rollstuhl, dessen Schatten seit Wochen in der Ecke gelauert hat. Eine bunte Armee wohlplatzierter Teddybären hat ihn getarnt.

Alles geht schnell voran, jetzt aber kann sich auch Simon schnell fortbewegen. Ich binde mir das Baby um den Bauch, und zwei unternehmungslustige Jungen platzieren sich auf Simons Schoß. Lasst die Beats pulsieren. Auf rollenden Reifen rasen wir Auffahrten und Fußwege hinab. Pummelige Hände wedeln im Rhythmus. Wir bringen Simon in Bewegung und Herzschläge zum Aussetzen. Ich bin stark, und während ich von hinten schiebe, werden wir immer schneller. Mit allem, was in mir steckt, schiebe ich. Dieses Superheldenkostüm sitzt gut. Es geht mir gut. Es geht uns gut, unsere neuen Räder aber taugen nicht für diesen Ort. Jetzt ist es an der Zeit, ein paar Superheldenfreunde zu Hilfe zu rufen. Lass sie bitte den Ruf dort oben erhören. Und hoffentlich tragen sie ein anständiges Kostüm.

Wahrheit oder Pflicht

An guten Tagen sammeln wir Strandgut. Trauernde Seelen zieht es ans Meer. Sie suchen Trost in der Bucht und hinterlassen Spuren. Manchmal sind wir dabei so begabte Detektive, dass wir jede Spur entdecken. Hier gibt es Schätze. Auf einem Felsvorsprung finden wir einen Steinhaufen. Mit feinem Filzstift sind die Steine bemalt, zarte Zeichnungen von Eulen und anderen Tieren. Wer hat sie gemalt? Dürfen wir sie behalten? Womöglich ist es für jemanden eine heilige Stätte, vielleicht aber wurden sie auch dagelassen, damit ein anderer sie findet. Mein Sohn gibt mir einen Eulenstein, den ich in die Tasche stecke. Wir behalten nur den einen, die anderen lassen wir liegen.

Amyotrophe Lateralsklerose oder Motoneuronale Erkrankung sind fiese Ungetüme in einem Kindermund. Stattdessen nennen sie es Meuronkrankheit. »Wird Dadda sich irgendwann wieder bewegen können?«, fragen sie unverblümt. »Nein, er wird sich nie wieder bewegen«, antworte ich wahrheitsgemäß. »Ach, echt? Er ist trotzdem ein guter Dad, auch wenn er sich nicht bewegen kann«, sagen sie achselzuckend.

Heute, in der Bucht, sind wir Schatzsucher. Jack mag krumme Hölzer und winzige Steinchen. Raife sucht nach herzförmigen Steinen. Er sammelt glatte, runde Kiesel, die er zu Hause mit Schnüren zusammenbindet. Dann klebt er kugelige Augen darauf und macht Tiere daraus. Arden hält Ausschau nach farbigem Strandglas, Scheren von Krebsen und anderen Körperteilen. Sadie ist fest entschlossen, echtes Piratengold zu finden, gibt sich aber mit funkelnden Steinen oder einer ausgefallenen Muschel zufrieden. Und Hunter jagt den Hunden hinterher.

»Da ist mein geheimer Puppenpapa«, singt Sadie und dreht sich im Kreis. Sie klettert neben Simon auf das Bett und summt liebenswerten Unsinn in sein Ohr. »Darf ich bei dir die Glücksbärchis anschauen, Dadda? Mach die Augen zu, Momma, und warte.« Flüstern. Wird er Ja sagen? Wünsch dir was. Lass die Augen zu. JA, sagt die Computerstimme. »Er hat JA gesagt!«, schreit sie unendlich überrascht. »Er ist so ein lieber Dadda«, lacht sie und zwirbelt seinen Pony zwischen den Fingerspitzen.

Die Schätze sind da, um gefunden zu werden. Wir klettern auf den Vorsprung und entdecken hoch oben auf den Felsen zwei Gläser. Regenwasser hat sich darin gesammelt, und es liegen gefaltete Papierstückchen darin. Meine fünf wilden Rangen umkreisen gierig die Gläser. Ein Schatz! Ich will die Gläser nicht anrühren. Vielleicht sind es die Wunschzettel von jemandem. Auf jedem Glas klebt ein Etikett. WAHRHEIT. PFLICHT. Die Neugier siegt. Es ist ein Wahrheit-oder-Pflicht-Spiel. Das Spiel ist längst vorbei und von der Zeit durchtränkt. Können wir spielen? Nur ein Mal. Aus jedem Glas nehmen wir uns ein Geheimnis. Das Glas mit der »Wahrheit« fragt in kindlicher Handschrift: »Hast du schon mal ins Meer gepieselt?« JA, nicken wir alle verschämt. Das Pflicht-Glas verlangt: »Wirf einen Stein auf jemanden.« NEIN, sagt die Mutter mit entschiedenem Kopfschütteln.

»Ich glaube, ich weiß noch, wie ich mit Dadda im North Cottage über den Rasen gelaufen bin«, sagt der zehnjährige Jack. »Aber ich würde mich so gern an seine Stimme erinnern. Als ich klein war, habe ich manchmal die Fernbedienung auf dich gerichtet, Momma, und so getan, als würde ich dich leiser stellen.«

An manchen außergewöhnlichen Strandsuchertagen marschiert ein Mann mit Dudelsack den Felsvorsprung auf und ab und trötet Melodien, die mich bis ins Mark erschüttern. Zum Klang des Dudelsacks springe ich von den Stufen ins sonnengesprenkelte Wasser. Meine Kinderschar jauchzt vom Ufer. Sie werfen die Schuhe ab, um barfuß über die Felsen zu klettern. An guten Tagen sind wir außer Rand und Band geratene Plünderer.

»Krieg ich auch mal die Meuronkrankheit?«, fragt Raife und verzieht das Gesicht.

»Nein, du kriegst nie und nimmer die Meuronkrankheit«, antworte ich. Eine Woche lang humpelt er durch die Gegend, und man bestellt mich in die Schule. Mit bekümmerter Miene sitzt er im Krankenzimmer.

»He, weißt du was?«, rufe ich mit festlichem Hurra. »Die ganzen Ärzte und Wissenschaftler haben Daddas Blut untersucht, und stell dir vor, was sie gesagt haben. Keiner von uns wird jemals und für alle Zeiten die Meuronkrankheit kriegen. Das haben sie versprochen.«

»Ist das ehrlich wahr?«, fragt Raife zögerlich.

»Die reine *Wahrheit*.« Ich nicke nachdrücklich.

»Meinem Fuß geht's schon viel besser«, gibt er zu.

»Komm, wir gehen zum Rennen an den Strand«, schlage ich vor.

Kinder sind Detektive auf der Suche nach der Wahrheit. Erbarmungslos jagen sie ihr hinterher. Ich beneide meine Kinder um ihre Wahrheit, während sich meine eigene als verwirbelter grauer Schatten zum Mond hin verflüchtigt. Die Wahrheit existiert nicht, es gibt nur Gefühle. Erkennst du den Mann im Mond? Manchmal ja, aber die Form verändert sich ständig. Gefühle verschieben sich von einem Moment zum nächsten und die Wahrheit mit ihnen. Den eigenen Gefühlen treu bleiben. Auf mehr kann ich nicht zählen.

Arden kann sich nicht daran erinnern, aber er verliert kein Wort darüber. Bedächtig stellt er ein gerahmtes Foto neben sein Bett, auf dem sein Vater mit ihm schmust, als er ein Jahr alt ist. Speckärmchen tasten nach Simons Gesicht, und er lacht.

Sie mögen es nicht, wenn er das Haus verlässt. Die geräuschvolle Dekubitusmatratze liegt bloß, anstelle des Rollstuhls ist da eine große Lücke. »Wo ist Dadda?«, jammert Hunter, wenn Simon und die Pfleger weg sind. Ich will in Unterwäsche durchs Haus toben und die Badezimmertür offen stehen lassen, die Kinder aber sind am Durchdrehen. »Ich … will … meinen … Dadda«, heult Hunter, unterbrochen von tränenersticktem Schluchzen. »Wir mögen es nicht, wenn Dadda nicht da ist«, plärren sie im Chor.

Vielleicht erinnern sie sich nicht, ich aber tue es. An manchen Tagen schlägt die Wahrheit erbarmungslos zu. Meistens wache ich auf und muss nach Luft ringen. Wer bin ich? Wo bin ich, und wie bin ich hierhergekommen? Wer ist dieser Mann in meinem Haus, der sich nicht bewegen kann? Wo ist mein Simon, der mir mit frechem Grinsen in die Hüfte kneift?

Meine Kinder sind Detektive auf der Suche nach der Wahrheit, und an manchen Tagen kann ich nicht Schritt halten. An diesen Tagen herrscht Düsternis. Der Himmel ist eine schwere, graue Decke ohne Luftlöcher. Ich fühle mich, als hätte ich nicht geschlafen, auch wenn es nicht stimmt. Meine Gliedmaßen wiegen so schwer, dass ich mich auf den Boden legen und von Blättern bedecken lassen will. Ich bin mit einem bärtigen Fremden mit glühenden Augen verheiratet. Die Kinder haben eine bessere

Mutter verdient, nicht eine, die so fühlt. Ich will meinen Kindern nicht schaden. An jenen dunklen Tagen ist dies meine einzige Wahrheit.

Vor mir liegt das schillernde Meer, und ich drehe mich um und sehe eine Möwe auf der Klippe sitzen. Sie wirkt so robust. Die Wellen schwappen über die unterste Stufe und ziehen meine Füße in ihren Strudel. Die Möwe steht auf robusterem Grund als ich. Michelle meint, wir müssten einfach nur auf den Wellen reiten. Schwimm mit den Wellen und denk daran, dass vor dir auch schon eine Welle da war. Selbst wenn du sie verpasst, kommt hinter dir schon die nächste. Die Wellen rollen immer weiter, lass dich einfach mitziehen. Sie ist ein so wunderbares Hippiemädchen.

»Komm rein und begrüße meinen Dadda«, sagt Raife seinem Schulfreund mit einem verschlagenen Grinsen. »Er hat die Meuronkrankheit und eine Computerstimme, und er kann sich nicht bewegen. Aber es ist okay. Komm und sag Hallo. Na, komm schon. Traust dich nicht, wie?« Raife amüsiert sich, ein Funkeln im Blick. Er hat ihm eine Falle gestellt. Er will nur wissen, wie sein Freund reagiert. Die meisten Kinder kriegen Augen so groß wie Untertassen, wenn sie Simon begegnen. Manche sind neugierig und stellen Fragen. Andere rennen brüllend aus dem Zimmer, weil es zu bizarr ist. »Ist doch bloß mein Dadda«, sagt Raife achselzuckend. Ich will ihn beschützen, der eigentliche Witz aber ist, dass er mich beschützt. Durch fünf Augenpaare sehe ich, dass Dadda doch bloß Dadda ist. Die Dinge sind so, wie sie scheinen. WAHRHEIT.

Manche guten Tage in der Bucht fangen schlecht an. Es bläst ein starker Wind, und uns ist kalt, bis unsere Fußsohlen den Sand berühren und wir uns trauen loszurennen.

Es ist wärmer, als wir dachten, und kein anderer ist da. Der Strand gehört uns, wir nehmen ihn vollständig in Besitz. Wir wollen Steine für Dadda sammeln. Ich wünschte nur, wir könnten Simon die ganze Bucht mitbringen, damit er sie sich in die Tasche stecken kann. Regen prasselt auf uns nieder, doch es kümmert uns nicht. Wir johlen und lachen und klettern und schwimmen. Wir werden nicht aufhören, den Strand abzusuchen, ihn nach Hinweisen zu durchstöbern. Schätze werden zurückgelassen, damit man sie findet, das ist die Wahrheit, so viel wissen wir. Trauernde Seelen tun alles, um zu überleben, lass dich einfach mitziehen. Trau dich.

Tanz

ch habe mich in ein paar tanzende Hände verliebt. Man rechnet nicht damit, dass man sich in Hände verliebt. Simon sprach, und seine Finger folgten nach. Seine Hände malten unsichtbare Buchstaben ins Nichts. Die Finger kämpften fieberhaft darum, mit seiner schönen Rede Schritt zu halten. Diese Hände waren der Takt, der dem gesamten ohrenbetäubenden Soundtrack unterlegt war. Ich sog seine Augen, Hände, sein Gesicht in mir auf, die vereint in einer schnellen Symphonie tanzten. Es war mir das weitaus liebste Lied. In Endlosschleife konnte ich dieser Melodie lauschen. Ich könnte für immer dazu tanzen.

Zwei Seelen finden zueinander und versuchen, ihr Leben gemeinsam zu verbringen. Oft singen diese Seelen ganz und gar unterschiedliche Melodien. Meine ist höchstwahrscheinlich ein kitschiger ABBA-Song, in dem sich die Worte reimen, mit einem kernigen Refrain. Simon liebt hektischen Jazz, trübseligen Indiepop und bombastische Opern. Die Hölle ist ein Ort auf Erden, an dessen Esstisch Leonard Cohen gehört wird. Der blanke Horror. Das würde Simon gefallen. Ich hingegen müsste still und leise das Besteck ablegen und aus dem nächsten Fenster springen.

Jetzt flitzen Simons blaue Augen über einen Computerbildschirm. Buchstaben in quadratischen Kästchen werden markiert, während er sich für eine Wendung entscheidet. Er wählt die Wörter aus einer vorgegebenen Textdatenbank. Sätze werden gebildet. Seine Hände und sein Gesicht sind ohne Regung. Die Finger mit den langen, sauberen Nägeln liegen kraftlos auf den untergeschobenen Kissen. Der Tanz ist langsam, vorsichtig und voller

Fehltritte. Ich stehe neben ihm und verlagere das Gewicht von einem Fuß auf den anderen. So geduldig wie möglich warte ich auf seine Worte, gleichzeitig aber rufen die Kinder nach Rettung wegen einer verlorenen Socke, eines Pos, der abgewischt werden muss, eines Spielzeugs auf einem hohen Regal und ungeschälter Bananen. Der Tanz bricht so oft ab und beginnt von vorne, dass ich unruhig werde. Mein Blick verweilt auf seinen schönen Augen, und ich bemühe mich, mein Tempo zu regulieren. Ich rede meinem Hirn gut zu, unsere gemeinsamen Tanzschritte nicht zu durchtrennen, aber es gehorcht mir nicht. Seine Worte kommen nicht schnell genug, es ist einfach zu schwer. Die Schreie der Kinder haben ein opernähnliches Crescendo erreicht. Mit hängenden Schultern verlasse ich das Zimmer.

Auf unserer Hochzeit tanzten wir miteinander, aber ehrlich gesagt waren wir schreckliche Tänzer. Der Rhythmus stimmte nicht, also klammerten wir uns einfach aneinander und kicherten. Unsere Eltern schwoften in perfektem Einklang zum Gesang von Mama Cass um uns herum. Wir lachten und beobachteten sie voll Bewunderung. Träge und endlos lag unser Leben vor uns. Wir hatten genug Zeit, um die Schritte zu lernen. Fünf Jahre später tanzte ich mit einem Freund auf der Hochzeit meines Bruders, und er erklärte mir geduldig, dass einer von beiden die Führung übernehmen muss. Dann wirbelte er mich in eleganten Kreisen durch den Raum. Diese Lektion lernte ich zu spät, um mich von Simon über die Tanzfläche wirbeln zu lassen.

Seit der ALS kauft uns Simons Tante jedes Jahr Karten für die Oper. Die Oper von Wexford ist ein prächtiger und beeindruckender Ort mit glatten, kreisförmigen Holzrängen und warmem Licht. Sie ist Anlass für schwarze Krawatten und opulent dekorierte alte Damen in Pelzen und Diamanten. Simon trägt einen Smoking, und der Pfleger Adam arrangiert diskret eine farbenfrohe Krawatte über der Trachealkanüle an Simons Hals. Der Luftschlauch windet sich verborgen unter dem schwarzen Jackett bis zu dem summenden Beatmungsgerät hinter dem Rollstuhl. Wir brauchen zwei Stunden für die Hinfahrt, und lächelnde Platzanweiser geleiten uns hinein. Die vornehmen alten Damen bahnen sich mit dem Ellbogen einen Weg um den Rollstuhl und drängen sich zum Aufzug durch. Sie führen einen skurrilen Tanz auf, als sie über die Räder des Rollstuhls stolpern, um vor uns an der Aufzugtür zu sein. Das Alter trägt dir eine einfache Fahrt zu unerhörtem Egoismus ein. Ich liebe diese verrückten alten Tanten.

Das Licht geht aus, und Simon verliert sich in den anschwellenden Wogen des wuchtigen Orchesters. Tränen treten ihm in die Augen, und ich drücke seine Hand. Ich finde es toll, insgeheim aber bin ich mehr der *Wicked*-Typ, und das weiß Simon. Adam ist auch dabei. Adam ist jung und hat immer Hunger. Vor der Abfahrt habe ich ihm geraten, etwas zu essen, weil der Opernausflug eine langwierigere Angelegenheit ist. Auf dem Heimweg werden wir haltmachen und Pommes essen. Während der Oper bin ich hauptsächlich damit beschäftigt, Tagträumen über Pommes nachzuhängen und über *Wicked*, das Musical, in dem ich mit meiner Mutter und meiner Schwester war und Rotz und Wasser geheult habe.

Ich habe mich in die tanzenden Hände von Simon verliebt, und jetzt bewegen sie sich nicht mehr. Lange Zeit blieb ihm noch ein winziges Zucken in der linken Hand. Die Kinder nannten es sein »Wichtelmännchen«. Wenn ich neben ihm im Bett lag und wir uns einen Film ansahen, schob ich meine Hand unter seine, und sein Wichtelmännchen tanzte mit. Eines Tages ließ es endgültig nach und rührte sich nicht mehr. Simons Finger sind nicht länger in der Lage, seine Worte zu begleiten, meine Liebe für diese Hände aber besteht fort. Ich bemühe mich, die Nägel kurz zu halten, oft sind sie zu lang. Er hat Angst, dass ich zu dicht ans Nagelbett schneide. Ich reibe seine Hände, halte sie fest und lege sie auf Kissen ab. Die Kinder und Pfleger schieben Handwärmer darunter, wenn er darum bittet. Der Tanz und seine Hände sind für immer voneinander abgekoppelt. Zwar kann ich in die Tiefe dieser Augen eintauchen, aber, verdammt noch mal, der Beat dieser Hände war verflucht sexy. Ich vermisse diesen Tanz so sehr.

In eleganten Opernkleidern stehe ich in der Stadt Ferns in einer Pommesbude. Meine Augen sind müde vom Autofahren. So zu tun, als seien wir erwachsen – so beschreibe ich meinem Mann gegenüber den Ausflug in die Oper. Über meinem Kopf flimmert ein Fernsehbildschirm, und ein lauter Dance Beat erfüllt den grellen italienischen Imbiss. Ich rolle die Zehen ein in den engen Damenschuhen. Meine Jacke aus Pelzimitat lässt mich innerlich schütteln. Der Tanzrhythmus stachelt mich an. Ich blicke nach oben zum Bildschirm, wo eine junge Frau in hautfarbenem Trikot wild durch ein winziges Zimmer tanzt. Das Mädchen dreht sich, wirbelt herum und verbiegt seinen Körper in dem beengten Raum. Ein wildes, präpubertäres Tier, eingesperrt, rasend, das Gesicht in einem grotesken falschen Lächeln verzerrt. Ich kann meine müden Augen nicht abwenden und werde von tiefer Beklemmung überschwemmt.

Es macht keinen Spaß mehr, so zu tun, als sei man erwachsen. Ich will diese Frau im schicken Kleid nicht sein. Meine Schuhe bringen mich um. Ich will durchs Zimmer rennen und gegen die Wände anschreien und mit den Fäusten auf sie einschlagen. Ich muss mich bewegen, mich verbiegen, meinen Körper herauswinden und von all dem wegzerren. Ich bin noch nicht bereit, mich in das Korsett des Alters zu zwängen. Der Beat zerreißt mir die Seele. Die Opernjahre häufen sich an wie alte Damen über Simons Rollstuhlrädern. Ihre Pelzjacken werden mich ersticken, noch ehe wir die Aufzugtüren erreicht haben. Ich hasse die beschissene Oper. Das ist kein Witz. Die Wildheit in mir ist noch lebendig. Ich nehme meine warme Pommestüte entgegen und bedanke mich artig bei dem Mann. Schweigend essen Adam und ich im Auto unsere Pommes frites, während Simon hinten schläft. Dann fahren wir nach Hause.

Ich kann nicht aufhören, über das Mädchen im Trikot nachzudenken. Mit geschwollenen Augen und matten Gliedern führe ich sie den Kindern am nächsten Tag vor, als sie über ihren Cornflakesschüsseln hängen. Zu sechst versammeln wir uns um meinen Laptop. »Sie ist total irre«, sagt Raife. »Sie tanzt!«, kreischt Sadie. »Lauter!«, brüllt Jack. Plötzlich und ohne Absprache wirbeln wir gemeinsam mit dem Mädchen durch die Küche. Sadie schwenkt die Arme in der Luft. Hunter wackelt umher. Raife rennt auf dem Fleck, und Jack wirft die Fäuste nach oben. Arden schmeißt sich auf den Boden und legt einen Breakdance hin. Ich stürze mich dazwischen und lache mich schlapp.

Wir könnten ewig so weitermachen – solange die Tür geschlossen bleibt. Eine Pflegerin kommt herein, und verlegen halten die Kinder inne. Ich lasse nicht nach, und auch sie fangen wieder an. Tanzt weiter, bewegt euch, sage ich, dann wird alles gut. Es muss gut werden. Ich werde nicht aufhören zu tanzen, denn wenn wir das tun, sind wir verloren. Meine opernmüden Muskeln recken sich, ich träume von einem Irgendwo im Nirgendwo mit schnellen Beats. Dort wirbeln Simon und ich endlich über die Tanzfläche. Wir bewegen uns in perfektem Einklang, und seine Hände tanzen noch.

Bewässerung

Gute Freunde wissen, wie sie dich richtig bewässern und vor dem Austrocknen bewahren. In dieser Hinsicht sind unsere Freunde Daragh und Cath die Superhelden unter den guten Freunden. Kein Wunder, dass Daragh auch noch Wassertechniker ist. Cath und ich haben unsere ersten Babys gemeinsam bekommen. Jack und Theo kamen im selben Monat auf die Welt. Wir stellten die pummeligen Pakete zwischen uns ab und unterhielten uns stundenlang bei Marmeladenbrötchen in irgendwelchen Cafés.

Vor der ALS waren wir entfernte Nachbarn in Greystones. Daragh und Simon stürzten sich aufs Heimwerken. Endlose Tage lang machten sie Männersachen wie Wege pflastern oder die Gartenerde mit der Fräse bearbeiten. Cath zeigte mir, wie man Pflanzen so eintopfte, dass sie am Leben blieben. Dann wanderten sie nach Australien aus, wir zogen ins North Cottage, und Simon bekam die verfluchte ALS. Die endlosen Tage waren vorbei.

Ich hatte immer schon Probleme mit Pflanzen. Nie geht es nur darum, ihnen genug Wasser zu geben. Ob bewässert oder nicht, sie trotzen jeder Pflege, die ich ihnen angedeihen lasse, und sterben ab. Weihnachten ist der Christstern trocken. Sommerblumen lassen den Kopf hängen, bevor ich dazu komme, sie zurückzuschneiden. Orchideen sind mir ein Rätsel, und selbst Kakteen wirken schlapp und verschrumpelt. Einmal schenkte mir meine Schwiegermutter ein Zitronenbäumchen, das mich in Angst und Schrecken versetzte.

Marian versteht viel von Pflanzen. Sie saust durch unser

Haus und rettet unauffällig ein paar kleine grüne Seelen. Unter ihren Händen blühen Orchideen auf, und dicke Zitronen reifen heran. Ich liebe diese Frau. »Erst gibst du ihnen nicht genug Wasser, und dann gießt du sie zu sehr«, seufzt Marian; für mich ist das einfach zu komplex. Sie zu wenig lieben oder sie zu sehr lieben. Beides ist nicht genug. Die Frage der Bewässerung ist einfach zu vielschichtig geworden. Gewissenhaft nicke ich und überlasse ihr die Sache.

Als die ALS das North Cottage in Beschlag nahm, war mir im tiefsten Innern klar, was wir brauchten. Simons ALS war erst ein Jahr zuvor diagnostiziert worden, und er saß bereits im Rollstuhl. Wir wurden überschwemmt von Vitaminen und Hoffnungslosigkeit. Die Jungen brauchten unser Lachen und unseren Mut, sie mussten sehen, dass wir uns fest an das Leben klammerten, das wir hatten.

Ich sehnte mich nach einer Teeparty beim Verrückten Hutmacher und ein paar zerbrochenen Tellern. Wenn wir die Dinge zu zaghaft angingen, würden wir untergehen. Ruhig setzte ich mir auseinander, was wir zu tun hatten. Wir mussten in die funkelnde Sonne hinaustreten und die guten Freunde wiederfinden, die uns schon einmal den Code des Superhelden verraten hatten. Wir mussten zurück ins Licht. Daragh und Cath auf unseren neuen Rädern nach Australien folgen.

Nervös beobachte ich, wie die Flugbegleiter meinen Mann auf schmalen, winzigen Rädern durch den Korridor des Flugzeugs schieben. Arden ist zu groß für das Baby-bettchen an der Wand, aber meine Arme sind so müde, dass ich ihn trotzdem hineinzwänge. Tief und fest schläft er mit eingequetschtem Kopf. Über ihre Kopfhörer hinweg kommunizieren Jack und Raife die ganzen elf Stunden

Flug in brüllender Lautstärke. Ich choreografiere einen Flugzeugtanz um sie herum, der Windeln, Feuchttücher, Fläschchen, Klobesuche, Snacks, Schläfchen und Comics beinhaltet. Weil sie nicht wissen, dass er nicht laufen kann, starren die anderen Passagiere Simon finster an und halten ihn für den übelsten Vater aller Zeiten. Gemeinsam kichern wir unter ihren wütenden Blicken. Zwei Seelen sind hier auf der Flucht, und der Treibstoff ist das Abenteuer.

Paradoxerweise wird uns an einem der trockensten Flecken der Erde die richtige Bewässerung zuteil. Während Irland wolkenverhangen und trübsinnig ist, besteht Perth ganz aus verbrannter Erde und Sonnenlicht. Es wirkt frei von Feuchtigkeit und belastenden Gedanken. Die Nässe und der ständige Zweifel werden abgesengt. Unter dem blauen Himmel fahren wir durch trockene Winde. Geschmeidige rote Straßen und Kreisverkehre bestimmen unsere Tage. So viele Vorstädte gleiten in der Meeresbrise und endlosen Weite vorbei. O ja, es gefällt mir in Perth. Außerdem erwarten uns Daragh und Cath.

Perth ist ein so ausgedörrtes Stück Erde, dass der Staat Kunstrasen in den Vorgärten bezuschusst. In Perth bringt man uns ein neues Wort bei: die retikuläre Bewässerung. Damit ist ein komplexes Sprinklersystem gemeint, das mit einer Zeitschaltuhr versehen ist, um die Gärten zu bewässern. Die echten Rasenflächen sind derart gepflegt, sattgrün und regelmäßig bewässert, dass sie trotzdem künstlich aussehen. Die retikulären Sprinkleranlagen werden nur zu festgelegten Tageszeiten eingeschaltet. Es ist ein Rettungssystem für all die kleinen grünen Seelen in Perth.

Ich bin fest entschlossen, Simon in Perth ordentlich mit Wasser zu versorgen. Ich sehe zu, wie sich die Sprinkler der Reihe nach in Gang setzen. Seine Seele tränken. Du schaffst das, Ruth. Steh auf, spring, hüpf, trotze den finsteren Blicken, halte ihn am Reden und sieh zu, dass sein Gesicht in der Sonne ist. Meine Arme können tragen, schieben, ziehen und wuchten. Baby Arden habe ich mir an den Körper geschnallt, während Jack und Raife auf Simons Schoß sitzen. Auf diese Weise spazieren wir die ebenmäßigen Straßen entlang. Simons Rollstuhl ist ein Kinderwagen in Papa-Ausmaßen. Er legt seine Arme um die weiche Jungenhaut. Sie jauchzen und lachen, wenn ich beim Schieben losrenne und wir frei und ungehindert unter dem klaren blauen Himmel vorwärtsschießen. Die neuen Räder wachsen Simon ans Herz. An einem Ort mit guten Wegen können Räder durchaus liebenswert sein.

Wir sind unschlagbar. Ich bin nicht einmal müde. Klapp den Rollstuhl zusammen und wirf ihn ins Boot. Hieve Simon auf das hölzerne Sitzbrett, und los geht's. Uns steht frei, wohin wir fahren wollen. Von Babygeschrei unterbrochene Nächte und anstrengende Tage sind leicht zu bewältigen, weil wir berauscht sind von unserer Fähigkeit, tatsächlich wieder zu leben.

Systeme helfen Simon, und Daragh und Cath entwickeln ein Vergnügungssystem. Mit einem Flaschenzug lassen wir ihn in den Swimmingpool herab, seine Arme geziert von drei Paar Schwimmflügeln. Mit glückseligem Gesicht dümpelt er auf dem Wasser. Wir machen Ausflüge ins Museum und in windige Parks. Auf unseren verschränkten Armen heben wir ihn hoch und setzen ihn auf dem gepflegten grünen Rasen ab. Wir essen Eier, Avocados und Schafskäse und trinken den verflucht besten Kaffee. Hier ist alles Meeresbrise und Zehen im Sand, blendendes Blau und trockene Hitze. Ich denke, ich könnte das hier lieben.

Daragh und die Kinder machen Arschbomben ins Wasser, während Simon im Pool herumtreibt. Ich beobachte, wie meine Jungs beim Spiel unter Männern handgreiflich werden, und genieße es, sie so wild zu erleben. Daraghs haarige Bärenpranken ringen mit ihnen. Er braut Bier und bäckt Zitronentörtchen. Sein Ingenieurssinn macht sich diese Fähigkeiten mit Leichtigkeit zu eigen. Geduldig erklärt er den Kindern, wie Rohre, Kanalschächte und Bewässerungssysteme funktionieren. Nackt hopsen die Jungs durch die Sprinkler, die sich auf dem Rasen drehen. Ihre milchig weißen Minimond-Hintern fangen die Sonne ein.

In Australien kriege ich meine Superheldenklamotten. Ich tanze buchstäblich in Unterwäsche herum. Am Morgen ist es zu heiß, um mehr als bloß eine Unterhose zu tragen, wenn ich den Pool sauber mache. Die Jungs hängen in Windeln, Sonnenkappen und mit Ansteckern verzierten Crocs ab. Jeden Abend stecken wir die Kinder zusammen mit ihren Plastikschuhen in die Badewanne, um den Wüstenstaub abzuwaschen. Unterhosen und Flipflops genügen mir völlig. Ich bin ganz besessen von den zwei spaßigsten Arten von Hausarbeit, die man sich vorstellen kann: den Pool sauber machen und Wäsche aufhängen. Kleider, die nach gerade mal einer Stunde auf der Wäscheleine zu harten Schalen mutieren.

Cath ist ein kreativer Geist; sie kocht, pflanzt, strickt und näht. Während unseres Aufenthalts macht sie eine Patchworkdecke. Jedes Quadrat ist ein Buchstabe des Alphabets. Jeden Morgen steht sie fröhlich lächelnd mit einem neuen Buchstaben an der Tür. Sie setzt sich mit den Kindern hin und näht, während ich Simon im Bad und beim Anziehen helfe. Praktische Pflegeaufgaben lassen sich leichter bewältigen, wenn man sie in kurze Worte fasst und die Sache schnell über die Bühne bringt. Halte dich nicht mit den Details auf, nicht einmal in Gedanken. Eine solche Hilfe hatte ich nie. Mit Cath wirkt alles so einfach. Mit eiserner Ruhe hält sie Nadel und Faden in der Hand und näht uns wieder zusammen.

Perth ist ein ganz eigenes retikuläres Bewässerungssystem. Wir sind von Sprinklern umgeben. Sie sprühen weiches Wasser auf unsere müden Seelen. Endlos reihen sich Sonne, Hitze, Kinobesuche und schnelle Sonnenuntergänge aneinander, unsere Tage sind geprägt von Verdunkelungsrollos, Plastikchristbäumen, Pizza im Park, Schwimmbädern, versengten Autositzen, morgendlichem Kaffee, verästelten Bahngleisen, Kindern im Kühlschrank, Pipi am Boden, Kakerlaken im Geschirrspüler, teuflischen Fliegen, Simons erstem Filmdrehbuch, Tränen, Sex, Liebe und Klimaanlagen. Das alles ist gut. Wir werden gut bewässert und gewinnen an Stabilität.

Manchmal gehen Simon und Daragh etwas trinken. Kichernd und mit Bierfahne kommen sie spät nach Hause. Betrunken hilft Daragh Simon in unser Ehebett. Eines Nachts rolle ich herum und wache auf, als Daragh rittlings auf meinem Mann sitzt, um ihn in aller Ruhe auf die Kissen zu betten. »Tut uns leid, dass wir dich geweckt haben«, sagen sie. Diese abenteuerliche Hilfe ist Balsam für meine Seele.

In Perth nehme ich zum ersten Mal Notiz vom Meer. Es erzählt mir Geschichten einer lange vergessenen Wildheit, wie ich sie mir als Kind einst ausdachte. An der Küste von Donegal verbrachten meine fünf Geschwister und ich ungestüme Strandtage. Der Rutschestrand, der Geheime Strand, der Große Strand – es gab so viele, dass wir den goldenen Sand zu unserem Besitz erklärten und ihnen Namen gaben. In Perth ist der Sand überraschend weiß. Hievend verrenken sich Männerkörper, wenn Daragh und seine Freunde Simon hinuntertragen, damit er am Ufer sitzen kann. Hier sind die Wellen groß genug, um Kleinkinder zu verschlingen, und Cath deutet auf einen grellgelben Hubschrauber, der am Himmel kreist. »Das bedeutet, dass ein Hai im Wasser ist«, erklärt sie. Zaghaft planschen wir in der Nähe der Brandung, ein wachsames Auge immer zum Himmel gerichtet. Zum Teufel mit der Wildheit, zum Schwimmen halten wir uns meistens an den Pool.

Ich fühle mich lebendig, jeden Tag. Die Sonne zeichnet ein Lächeln auf mein Herz. Die Seeluft bläst die Köpfe frei und heilt gebrochene Herzen. Ardens erster Geburtstag nähert sich. Seine blauen Augen blicken aufs Meer, und sein Gesicht legt sich im Wind in Falten. Ich frage mich, wie die Sicht durch diese langen Wimpern ist. Ich erinnere mich an das kindliche Gefühl von Möglichkeiten. Mir war entfallen, welche Leichtigkeit ein leerer, glücklicher Kopf bedeuten kann.

Es gibt auch dunkle Tage im Sonnenschein. In unserem Lieblingscafé am Meer hat Simon erstmals Mühe, die Kaffeetasse zu halten. Manchmal sitzt er reglos da und starrt die Wände an. Ich beobachte, wie sein Mut wie eine Kerze im Luftzug flackert. Ich liebe ihn. Ich wünsche ihm ein glückliches Leben mit uns. Diese Sicht auf die Möglichkeiten durch Ardens Augen sollte auch der Mann teilen, der dazu beigetragen hat, ihn zu erschaffen. In manchen Augenblicken sitzt Simon so still da, dass mir bewusst wird, wie fern er mir ist. Ich kann mir nicht vorstellen, wie es sich für ihn anfühlt, wo es doch schon mich in Angst und Schrecken versetzt.

Dürfen Superhelden Angst haben? Vielleicht sind Unterhosen doch nicht das angemessene Superhelden-Outfit. Ihnen fehlt die grundlegende Panzerung. Manchmal bleibe ich mit dem Auto am Strand stehen und weine einfach. In Perth gibt es ausgewiesene Strandabschnitte für Hundehalter und heimlich Weinende. Das Weinen macht dich leer, sodass wieder Platz da ist für Neues. Unbestreitbar zieht es mich an den Strand und ans Meer. Der Hundestrand ist ein Ort, an dem ich meinem Geist freien Lauf lassen und trauern kann.

Systeme können dafür sorgen, dass du immer gut bewässert bist, manchmal aber kommen sie einem vor wie ein Haufen Kunstrasen. Ich kann nicht gut mit Pflanzen umgehen. Ich gieße sie zu viel. Ich fürchte, ein ebenso schlechter Freund zu sein. Krankheiten bewirken, dass wir uns selbstbezogen im engsten Kreis zusammenkauern. Das Einfühlungsvermögen für Freunde geht verloren. Es ist einfach kein Platz mehr da. Unsere Superheldenfreunde haben uns ihr Auto, ihr Haus und ihre Herzen geschenkt. Irgendwann werde ich es dir vergelten, sage ich zu Cath. Diese Menschen habe ich mir wie ein Geflecht ums Herz gelegt, niemals werde ich sie loslassen.

Es kommt der Tag, an dem wir nach Irland zurückkehren und sie loslassen müssen. Ein sechswöchiger Urlaub, den wir auf sechs Monate ausgedehnt haben, ist alles, was wir herausholen konnten. Es ist März, und im September muss Jack zur Schule. Ich will nicht zurück. Schwarze Wolken ziehen sich zusammen, mit ihnen lässt sich nicht feilschen. Simons Arme sind so schwach, dass er Mühe hat, sie zu heben, und seine Stimme wird leiser. Man packt ihn ins Flugzeug, wo seine Räder wieder so beengt wirken. Die Tage der freien, ungehinderten Fahrt sind vorbei.

Die Angst, die mich befällt, ist grenzenlos. Als wir in die spärlich erleuchteten Wolken hinabsinken, auf die dunkelgrünen Felder zu, kommt mir eine schreckliche Erkenntnis. Mein Superhelden-Outfit ist verrutscht. Die Menschen sind die kompliziertesten Gewächse von allen. Zu viel oder zu wenig zu gießen kann das gleiche Ergebnis haben. Ich bin keine Superheldin. Nichts, was ich mache, wird die ALS stoppen oder meinen Mann retten.

Angst

Ich habe keine Angst vor dem Sterben, das hatte ich nie. Das mag die Wahrheit sein, oder aber es fühlt sich nur so an. Als Teenager saß ich im Auto auf dem Weg in den Urlaub nach Frankreich. Meine Eltern waren in ihrer Riverdance-Phase. Keltische Rhythmen dudelten in Endlosschleife, während wir über eine eintönige, gerade Straße durch den Wald fuhren. Irland war eben erst Gastgeber des Eurovision Song Contest gewesen, und ich war gerade mit der Schule fertig geworden.

In schneller Folge glitten riesige Bäume an uns vorüber. Die langen, senkrechten Stämme überwältigten mich, meilenweit zogen sie sich in alle Richtungen hin. Wie im Zoetrop wirbelten die Bäume an uns vorbei, während ich aus dem fahrenden Auto sah. Ein Gefühl von Bedeutungslosigkeit überschwemmte mich im Angesicht der Unermesslichkeit der sich drehenden Welt.

Der Furcht vor dem Tod bin ich nie nähergekommen als in jenem existenziellen Moment zwischen den Bäumen. Vielleicht war es auch nur die Riverdance-Musik. Das Geräusch so vieler tanzender irischer Füße jagt mir bis heute Angst ein. Sie sind so verflucht synchron.

Vielleicht fürchten chronische Tagträumer den Tod nicht, weil wir es gewohnt sind wegzugleiten. Der Tod mag nur eine weitere verträumte Flucht sein. Vor Kurzem fuhr Michelle in ihrem Jeep die Hügel von Wicklow hinauf, parkte und legte sich aufs Autodach, um die Sterne zu betrachten. Der Nachthimmel war so hell, dass sie ihm die Hände entgegenstreckte. Sie spürte, wie sie davonschwebte. Es war, als schwimme sie in den Sternen, erklärte sie.

Aifric vergleicht ihren eigenen Geisteszustand mit einer Szene aus *James und der Riesenpfirsich*. Ihre chaotischen Gedankenberge entsprechen den vielen Hundert Vögeln, die ihr Pfirsichhirn an einer Schnur über den Ozean schleppen. Wenn sie im Meer schwimmt, taucht der Pfirsich so tief in die Kälte, dass die Vögel sich zerstreuen. Ihr Hirn löst sich von den schweren Gedanken.

Es scheint arrogant, den Tod nicht zu fürchten, wo Simon ihm so beängstigend nah ist. Was zum Teufel weiß ich schon mit meinem dämlichen gesunden Körper? Es ist Dylan Thomas, der sich wütend gegen das Sterben des Lichts stemmt. Diese brennende Wut kann ich nicht bis ins Letzte nachvollziehen. Er kann über seinen eigenen Abschied nicht wirklich nachdenken. Das eigentliche Problem der Wut ist das Brennen. Es gibt keinen Frieden darin, und die Verbrennungen können sehr schmerzhaft sein.

Ich kenne den Kick, den man erlebt, wenn man weit weggleitet. Einmal ist es mir in Australien beim Tiefseetauchen am Great Barrier Reef passiert. Mein damaliger Freund war ein vorsichtiger Taucher, ich selbst hatte es nie zuvor ausprobiert. Die Unterwasserwelt war eine Offenbarung. In meinem Kopf erklangen Bilderbuchfarben. Ich schloss mich einem Fischschwarm an und wollte fröhlich fortschwimmen. Wäre ich ein bisschen tiefer gewesen, hätte mich die Taucherkrankheit unvermeidlich erwischt. Ein Griff am Knöchel zog mich zurück, und widerstrebend kehrte ich an die Oberfläche zurück.

Den Tod nicht zu fürchten sollte nicht mit der Sehnsucht danach verwechselt werden. Ich wünsche mir den Tod nicht, aber er will einfach keine Ruhe geben. Wenn man sein Zuhause mit Krankheit teilt, dann lässt er sich nicht ausklammern. Hallo Tod. Die ALS hat dich mit in die Runde geholt, ihr zwei seid heimtückische Party-Crasher. Keiner von euch beiden war eingeladen, aber ich werde meine Manieren nicht vergessen. Es gehört sich nicht, Hausgäste zu ignorieren, und zudem ist es unmöglich, wenn sie sich so ungebärdig benehmen.

Michelle meint, dass das Meer und das Universum atmen. Wenn man Glück hat, gelingt es einem hie und da, im Einklang mit ihnen zu atmen. Einmal saß sie auf einem Berg in Amerika und betrachtete ein Tal tief unter sich. Ganz still saß sie da, so hoch oben, dass es ihr vorkam, als habe sie ihren Körper verlassen. Die Bäume, der Himmel, die Berge waren alle eins, und Michelle war ebenfalls ein Teil davon. Sie atmete synchron mit dem Universum. Man sollte hinzufügen, dass Michelle ein echter Hippie ist.

Simon atmet synchron mit einer Maschine. Die Stecker und Schläuche, die Stromausfälle und endlosen Fehlfunktionen, die sein Leben beenden könnten, sind von Angst besetzt. Ich liebe ihn, also will ich nicht, dass er Angst hat. Ich halte seine Hand und bezweifle, dass er sich je an den Tod wenden oder aufhören wird, ihn zu fürchten. Dennoch ist er ein unendlich tapferer Mann. In mancher Hinsicht ist Dylan Thomas zum Kotzen.

Wenn du im tiefsten Winter im Meer schwimmst und zum Schutz nur eine Badekappe aufhast, passiert etwas Komisches. Bleibst du zu lange im Wasser, dann willst du nicht mehr herauskommen. Die Kälte kriecht dir so tief in die Knochen, dass du dir plötzlich einbildest, dass der Ozean singend nach dir ruft. Und sein Lied ist weit schöner als *Riverdance*.

In jenen Meeren treiben die Träume und ich nebeneinanderher. Gierig schaue ich hinaus auf den Horizont.

Mein Körper sehnt sich danach, ganz entspannt zu bleiben und einfach davonzudriften. Tiefer Friede überkommt mich, ich könnte für immer Teil dieser Welle bleiben. Ich frage mich, ob sich das Sterben so anfühlt. Ein zaghafter Gedanke zieht vorbei, nah genug, dass ich ihn wahrnehmen kann. Vielleicht brauchen mich meine Kinder. Mit zittrigen Gliedern und schweren Herzens steige ich aus dem Wasser. Wie ein schlaksiges Fohlen stolpere ich heraus.

Woher kommt die merkwürdige Magie des Meeres? Ich tauche in einen tanzenden, atmenden Ozean. Die Kälte belegt mich mit dem Zauber einer Furchtlosigkeit, die Leben und Tod trotzt. Das Einzige, dem die Kälte nicht trotzen kann, ist der Tang. Ich habe panische Angst davor. Die Algenknäuel lassen mich kreischen wie ein kleines Mädchen. Mein Geist will mit dem Ozean verschmelzen, trotz der Algen, der Angst und womöglich der einen oder anderen Qualle.

Viele Dinge machen mir Angst, der Tod aber gehört nicht dazu. Neben den Algen sind da Spinnen und Ohrenkriecher und jegliche Art von Höhen. Als Kind bekam ich so schlimme Höhenangst, nachdem ich auf einen Baum geklettert war, dass mich mein Onkel herunterholen und retten musste. Mit geschlossenen Augen hatte ich mich an den niedrigsten Ast geklammert.

Als Kind hatte ich Angst davor, zu springen. Ich kauerte mich in die Ecken der Mole von Portsalon in Donegal. Kleinere Kinder sausten an mir vorbei hinunter ins sprudelnde Wasser. Selbst in einer Rettungsweste brachte ich es nicht fertig. Die Angst steckt noch immer in mir, mittlerweile aber springe ich trotzdem. Ich war schon immer der größte Hasenfuß aller Zeiten. Das Überleben ist ganz einfach eingeschritten. Die Umstände haben mich in eine Art *Und-täglich-grüßt-das-Murmeltier*-im-Meer-schwimm-Zeitschleife versetzt.

Der Zauber der Furchtlosigkeit hält nur so lange an, wie du im Meer bist. In Ufernähe zerrt es an deinen Gliedern. Zurück in der geschäftigen Welt ringt dein Geist nach Luft und vergisst. Aus diesem Grund springen wir wieder und wieder hinein. Uns zieht die romantische Idee hierher zurück, in vollkommenem Einklang zu atmen. Diesen Zauber teile ich mit meinem Schwimmclub der traurigen Heldinnen, Michelle und Aifric. Wir versammeln uns in der Bucht und tauchen ein.

Gegen Autos treten

Was macht man an den düsteren Tagen? Wie soll man tanzen, wenn einem absolut alles weggenommen wird, was man gerne hätte? Die ALS ist wie die Wasserfolter, langsam und stetig tropft sie und tropft. Jeden einzelnen Tag wird dir ein winziges Nervenende, ein kleines Stück Kraft geraubt.

Der sonnengebleichte Abschied in Perth scheint im kalten Greystones weit weg; wir fragen uns, wie wir uns jemals wieder an Irland gewöhnen sollen, blicken auf den grauen Himmel und sind ratlos. »Schmutzige Straßen, schmutzige Autos«, sagt der zweijährige Raife. Ja, mein Schatz, unsere Welt sieht schmuddelig aus.

Wenn Superhelden ihre Kräfte verlieren, dann geht es niemals gut aus. Sie gehen auf dramatische Weise unter. Ich male mir aus, in aller Öffentlichkeit zu explodieren. Ich könnte mich im Supermarkt selbst in die Luft jagen und zwischen dem harmlosen Geplauder über all den Regen eine nette, klebrige Schweinerei hinterlassen.

Warum kann ich diese Nerven nicht aufwecken? Sie zurück ins Leben rufen? Ihm ins Gesicht schlagen? Nach unserer Rückkehr aus Perth werde ich schrecklich wütend. MACH, DASS ES AUFHÖRT! WARUM KANNST DU NICHT DAFÜR SORGEN, DASS ES AUFHÖRT? BLEIB BEI UNS, WIR LIEBEN DICH. WIR BRAUCHEN DICH. WIR WOLLEN NICHT OHNE DICH SEIN. Aus großer Dunkelheit schreit es heraus, und ich falle in die Tiefe.

Das North Cottage wurde vom Hochwasser überschwemmt, also ließen wir das Dach richten und stellten es zum Verkauf. Ein kurzer Blick, ein fröstelnder Abschied, und wir machten uns auf Richtung Greystones und den Hoffnungsschimmer, unter Menschen zu leben.

Simons Arme sind so schwach, dass er das Upgrade für einen Elektrorollstuhl bekommt. Er surrt die Gänge entlang und hebt die Teppiche an wie Wellen. Er fährt die Jungs allein durch den Verkehr mitten auf der Straße. Seine Räder deuten wie großartige Stinkefinger auf die schrecklichen Fußwege. Mein Herz jubiliert, doch die Melodie ist trist. Einst hatte ich seinen Rollstuhl im Griff. Mein Anschub wird nicht länger gebraucht. Ich winke diesem Bindeglied zwischen uns zum Abschied und spüre, dass ich der Einsamkeit einen Schritt nähergekommen bin.

Zurück in Greystones regnet es so viel. Es ist schwer, an den Ort zurückzukehren, an dem wir zu Anfang unserer Ehe gelebt haben. Dieses Leben bestand aus Wanderungen über die Klippen, Cafébesuchen und ungezwungenen Spaziergängen. Der Ort ist verwirrend und feindselig.

»Ich wünschte, Dadda könnte laufen wie die anderen Daddas«, jammert Jack mit vier Jahren. »Ich will für immer und ewig weinen.« Und dann startet er einen gelungenen Versuch. Dieses Weinen kenne ich so gut. Es kommt aus dem tiefsten Innern. Es wühlt dich auf, sodass du meinst, dass deine Innereien herausquellen. Dieses Weinen ist eine widerlich körperliche Angelegenheit, die die dunkelsten Teile herauswürgt. »Es ist UNFAIR«, schreit er, und ich weiß, dass er recht hat.

Es macht mich wütend, meinen Jungen so weinen zu sehen. Und nicht nur den einen. Zwei kleinere Herzen heulen und grölen in den Kulissen – seine loyalen Backgroundsänger. Sie verstehen noch weniger, aber sie wissen genau, dass es scheiße ist.

Was soll man tun? Du wünschst dir, dass dein Kopf in grelle Funken explodiert, denn das scheint das einzig Richtige zu sein. Du darfst dich nicht in einem dunklen Zimmer verkriechen, weil die Kinder vor ihren leeren Tassen heulen. Sie kämpfen um ihr Abendessen. Du musst ran, weil es niemanden anderen gibt, ohne ein Superhelden-Outfit aber ist es sinnlos, findest du.

In einem wütenden Geist tosen wütende Gedanken. Für diese wunderschönen Jungen gibt es keine Hoffnung. Sie werden im Entzug enden, als Drogensüchtige, weil ihre Mutter durchgedreht ist und ihr im Rollstuhl sitzender Vater die Wände angestarrt hat und dann gestorben ist. Ist das unser vorgezeichneter Weg, weil es keinen anderen gibt? Seine Arme werden aufhören zu funktionieren, und er wird nicht mehr in der Lage sein zu sprechen. Ich werde selbst sterben wollen, weil die Last zu schwer zu tragen ist. Unsere Kinder werden verwaiste Oliver Twists sein. Lieber Gott, ich will nicht mehr.

Schäumende Wut ballt sich über jedem Hilfsangebot. Grüße an die »Wie läuft's?«-Brigade. Ich weiß nicht, was ich darauf antworten soll. Anders als in Perth will die angebotene Hilfe einfach nie recht passen. Niemand spricht meine Sprache. Ich sitze auf dem Parkplatz von Tesco und weine, und es ist kein Hundestrand.

Wir haben ein lustiges Rollstuhlauto. Es sieht aus wie der Lieferwagen von Postbote Pat, nur blau. Ich fahre langsam, damit Simon die Bodenwellen nicht wehtun. Er sitzt ganz hinten, während die drei Jungen in der Mitte streiten und schwatzen.

Eine Hupe lässt uns alle zusammenzucken. Ein tiefergelegtes grünes Cabrio schneidet mir an einer Abzweigung den Weg ab. Einer der üblichen aggressiven Fahrer, die uns auf der Straße anhupen. Jeden Tag treffen wir auf sie, heute aber schlägt etwas bei mir um. Das grüne Scheusal bleibt an einer roten Ampel stehen, und ich halte hinter ihm. Mein Körper wird ganz ruhig. »Bin gleich zurück«, blaffe ich die Kinder an.

Was soll man mit seinem Schmerz anfangen, wenn man des Lebens überdrüssig und gleichzeitig ehrlich wütend ist? Ich habe meinen Kopf gegen Wände geschlagen. Es hat geblutet, und ich habe Sternchen gesehen. Ich habe meine dünnen Arme betrachtet und mir rote klaffende Wunden an aufgeschlitzten dicken blauen Venen ausgemalt. Ich bin zusammengebrochen, habe mich hinter Küchenschränken versteckt, die Arme um die Knie gelegt, als hinge mein Leben davon ab. Ich habe getrunken, geraucht, mich überfressen, gehungert, ob gutes Essen oder schlechtes. Ich habe gegen den flachen Atem angekämpft, bis meine Lunge barst, um Luft gerungen, bis ich benommen war, gelacht, bis ich weinte, hysterische lachende Tränen weinte.

Ich stiefle zur Fahrerseite, und ein mittelalter Mann blickt aus dem Autofenster. »Ich bin langsam gefahren, weil mein Mann im Rollstuhl sitzt«, schreie ich ihn an. »Haben Sie den großen Rollstuhl-Aufkleber nicht gesehen?« Er wedelt mich fort und lässt das Fenster hochfahren. »Sie sind wirklich sehr unhöflich«, brülle ich noch lauter. Er sieht mich nicht an, und ich beschließe, so fest es geht, gegen sein Auto zu treten. Ich trete und trete, bis die Ampel grün wird und er anfährt. Ich atme schwer, fühle mich aber überraschend ruhig. Vom Gehsteig aus winkt mir ein Passant, beglückwünscht mich und reckt den Daumen hoch.

Tränen der Wut haben mich in dunklen Gräben ertränkt. Wenn man von düsteren Panikattacken begraben wird, dann gibt es keinen Sternenhimmel. Ich habe mir die Nägel wund gepult und so lange an meinen Händen genagt, bis sich die Haut ablöste und zu lächelnden Zahnabdrücken vernarbte. All das habe ich getan und bin doch noch immer hier. Ich war nie endgültig am Boden. Unser dunkles Dasein löst in mir den Wunsch aus, Dinge kaputt zu machen. Ich will alles zerstören, diesen verdammten Mist einfach zertrümmern.

Als ich zu unserem Postman-Pat-Auto zurückkehre, lege ich ganz ruhig meinen Sitzgurt an. Mit offenen Mündern sitzen die Jungen da. »Momma, warum hast du das gemacht?«, fragt Jack. »Entschuldige, Schatz«, erwidere ich. »Der Mann war einfach ein mieser Scheißkerl.« Ich bin immer noch gefasst, meine Hände aber zittern so stark, dass ich den Schlüssel in der Zündung kaum drehen kann. »Du hast scheiße gesagt!«, sagt Jack vergnügt.

»Ja, eure Momma hat tatsächlich scheiße gesagt«, meldet sich Simon zu Wort, und wir alle lachen, als sich der Zündschlüssel endlich drehen lässt. Der Motor heult mit mächtigem Postman-Pat-Getöse auf. Für einen Augenblick fühlt sich die vernichtete Superheldin überraschend gut.

Essen

Die Liebe ist etwas Wunderbares, und Essen ist es ebenso. Fügst du beides zusammen, können Träume wahr werden. Viele meiner liebsten Erinnerungen mit Simon haben mit Essen zu tun. Unsere Liebe wurde uns in einen Burrito gewickelt serviert. Der Anblick seiner Hand an der Kaffeetasse brachte mein Herz zum Flattern. Anfangs verlor ich den Appetit, aber er kehrte schnell zurück. Schon bald war meine Seele unsagbar hungrig.

Auf einer Party beeindruckte mich einmal ein Junge mit einer kräftigen Stimme. Laut posaunte er seine hochtrabenden Prinzipien über den Vegetarismus heraus. »Nimm einem Tier das Leben mit den eigenen Händen, wenn es sein muss. Wenn du aber nicht willens bist, ein Huhn zu töten, dann solltest du meiner Meinung nach auch keines essen.« Seine Worte blieben mir im Gedächtnis, und ich hörte auf, Fleisch zu essen. Es war Simon, damals aber kannte ich ihn kaum. Jahre später, als wir uns näherkamen, waren wir beide begeistert von Linsen.

Im Rausch der frühen Liebe entwickeln wir ein sonntägliches mexikanisches Essensritual. Schwindlig und erschöpft springen wir in Taxis, die uns zu schmackhaften *Huevos Rancheros* bringen. Verträumt blicken wir uns bei Kerzenschein im Restaurant über unseren Nudeltellern an. Unsere aufgewühlten Seelen und der köstliche Geschmack vermischen sich, und doch sind wir noch immer ausgehungert.

Ich beobachte unsere vierjährigen Zwillinge, wie sie mit fein abgestimmten Gabeln einmütig ihr Abendessen vertilgen. Die Mahlzeiten sind eine gemeinsam intonierte Symphonie. Sadie mag die Nudeln, Hunter zieht die Wurst vor. Wortlos assistiert der eine dem anderen, so dass beide Teller leer werden. Meine Familie machte Simon mit indischem Essen bekannt. Versehentlich aß er etwas Limettenchutney, und sein Gesicht lief rot an. Meine vier Brüder klopften ihm auf den Rücken. Als der frotzelnde Applaus geendet hatte, waren sie Freunde. Unsere beiden Familien lieben nichts mehr, als sich bei gutem Essen und gehörigen Mengen Wein zu verbrüdern.

Unsere Liebe wurde auf einem köstlichen Vegetarierteller aufgefahren. Wir bestanden auf einer vegetarischen Hochzeit. Streitlustige Fleischesser murrten und verlangten an der Bar grimmig nach Steaks. Im Bewusstsein, dass auf dem Altar unseres großen Tags kein Vogel geopfert wurde, tanzten wir ungeschickt, aber zufrieden. Unsere italienische Hochzeitsreise band mein Herz zu Nudelschleifen. Die Liebe, Mozzarella und Linguine verschmolzen mit den schnellen Herzschlägen.

Als die Kinder noch klein waren, gingen wir manchmal für eine Nacht ins Hotel. Zwischen den Kinderbetten und dem Doppelbett hängte Simon Decken auf, um die Jungs im Schlaf von den Geräuschen abzuschirmen. Dann saßen wir auf dem großen Bett, sahen uns Filme an und bestellten vergnügt so viel Essen aufs Zimmer wie möglich. Der eigentliche Zweck von Hotels ist, dass sich Liebende ins Bett zurückziehen und den Zimmerservice bestellen. Ist es nicht so?

»Danke, dass du mir ein Ei gekocht hast«, sagt der achtjährige Raife. »Ich bin dir so gnädig.« »Meinst du dankbar?«, frage ich. »Äh, nein, ich glaube, ich meine gnädig«, antwortet er. Um Simon, seine Wortwahl und seine guten

Mahlzeiten werde ich auf ewig ein riesiges krakeliges Herz zeichnen. Ich kann die Liebe, das Essen und den erotischen Klang seiner Stimme einfach nicht voneinander trennen. All das zusammen ist gottgegebene Gnade.

Als wir aus Australien zurückkehrten, wurde das Essen rein funktional. Mittel zum Zweck. Simons Stimme wurde leiser. Sein Mund glitt mit schwerer Zunge an den Worten ab. Um das Essen und die mundgerechten Stücke legte sich die Angst. Das Kauen dauerte. Erstickungsanfälle jagten uns durch die Mahlzeiten. Enorme Smoothies waren einfacher zu handhaben. Wir schafften eimergroße Starbucks-Becher mit großen Strohhalmen an.

Als der Appetit nachließ, nahm ein anderes Bindeglied zwischen uns seinen Platz ein. Das Bündnis zwischen Pfleger und Patient mag nicht so erotisch klingen, aber es ist stärker als das Bedürfnis nach Essen.

Zu jenem Zeitpunkt, als Simon mit Lungenentzündung ins Krankenhaus eingeliefert wurde, waren wir stillschweigend so gut aufeinander eingespielt, dass ich beinahe seine Gedanken lesen konnte. Meine Hände wussten, wo sie zupacken mussten. Ein Blick von ihm genügte, um mir zu sagen, wo er Schmerzen hatte und wie ich ihm helfen konnte. Im Krankenhaus blieb ich bei ihm, auf einem behelfsmäßigen Bett, und bearbeitete seine Brust, um jedes mühsame Husten zu unterstützen. Um das zu tun, hatte ich drei Jungen in der Obhut meiner Mutter gelassen. Ich kann mich nicht daran erinnern, dass ich gegessen habe. Vielleicht gab es mal einen Kaffee und ein Pappdeckelsandwich. Wichtig war nur, Simon am Atmen zu halten. Meine Hände konnten ihm helfen, solange sie ganz bei der Sache waren.

Als sie ihn fortbringen, habe ich drei Nächte lang nicht

wirklich geschlafen. Meine eigenen Kinder habe ich vollkommen vergessen. Ich bin wie eine Fortsetzung seiner selbst, auf alles eingestimmt, was er braucht, und er kann nicht atmen. »Hilf mir, Ruth, hilf mir«, bittet er, und keiner kann ihm helfen außer mir. Meine Hände halten ihn am Leben. Ich sitze auf ihm und schreie, während die Trage zur Intensivstation geschoben wird, und presse, presse, presse Luft in seine Lunge. Man muss mich von ihm herunterzerren, weil ich mich wie ein Schraubstock an ihn klammere. Die Türen zur Intensivstation schlagen zu, und ich bleibe draußen auf einer Bank sitzen.

Meine Hände können ihn am Leben halten. Ohne meine Hände, da bin ich mir sicher, wäre er schon gestorben. Er braucht mich zum Atmen, doch mein Superhelden-Ich ist erschöpft. Meine Arme sind so matt vom Pressen, dass ich sie kaum anheben kann. »Ich glaube, Simon ist jetzt tot«, sage ich. Sein Leben liegt nun in den Händen anderer. Ich denke an meine Kinder. Benommenheit und Qual liegen nah beieinander. Das Gefühl ist reinste Erleichterung.

Simon stirbt nicht, aber man hängt ihn an ein Beatmungsgerät. Die drei Monate in der Klinik, die nun folgen, sind unscharf, die einzigen Markierungen sind unsere Mahlzeiten. Die Jungen verwirrt der Anblick ihres mit Schläuchen versehenen Vaters auf der Intensivstation. Die Riesenschüsseln voller Wackelpudding und Eis, die die Krankenschwestern ihnen aufzwingen, begeistern sie. Wir sitzen im grell erleuchteten Café und knabbern Cheerios. Für besseren Kaffee und Kuchenstücke gehen wir über die Straße zu Starbucks. Essen ist etwas, das wir wiedererkennen, und es gibt dem Tag eine Struktur.

Ich habe ununterbrochen Hunger, bin aber unfähig, etwas zu schmecken. Im Krankenhaus finden langwierige Besprechungen statt, in der Hoffnung, dass wir Simon nach Hause holen können. Ich sitze mit seiner Familie da. Die Intensivstation hat keine Fenster. Es ist mir unerklärlich. Niemand auf der ganzen Welt spricht langsamer als unser Ansprechpartner im Krankenhaus. Ich habe das Bedürfnis, mich auf dem Boden zusammenzurollen und möglicherweise einen Becher Fertigsuppe zu essen.

Spätnachts kehre ich nach Hause zurück, sehe fern und esse allein für mich ein indisches Gericht vom Lieferservice. Es schmeckt nach nichts. Über die Tränen und die Erschöpfung bin ich hinaus. Man steckt Simon einen Schlauch in den Magen, sodass er gar nicht mehr essen muss. Mit der Trachealkanüle an seiner Kehle kann er zwar sprechen, aber nur mithilfe eines besonderen Ventils. Seine Stimme krächzt langsam und ist schwer verständlich, also bringt man ihm bei, einen augengesteuerten Computer zu bedienen. Er wird in Begleitung eines Teams von fünf Krankenpflegern heimkehren, die sich in zwölfstündigen Tages- und Nachtschichten abwechseln. Sie hantieren mit großen Ampullen, um seinen Magen mit klebrig süßer Ersatznahrung zu befüllen. Sie riecht nach billigem Plastikeis – die Sorte, von der einem die Zähne wehtun.

Ich bin im asiatischen Supermarkt, den Sadie den »dummen Laden« nennt. Warum, das wissen wir nicht wirklich. Er erinnert mich an mein Hindu-freundliches Vegetarier-Herz. Große Würfel Panir-Käse, Bindis und Reissäcke umgeben hübsche braunäugige Frauen und mürrisch herumschlurfende Männer. Die Liebe war einst aus Linsen gemacht, aus Chana Masala, fünfzig verschiedenen Nudelarten, heißen Theken voll knuspriger Pakoras, Butterkeksen, Vanillecola und – ach, du liebe Güte … der dumme Laden bringt mein dummes Herz zum Klingen.

Das Einzige, was in dieser neuen Welt noch Sinn macht, sind die Mahlzeiten. Kinder müssen mit Essen versorgt werden. Mechanisch koche ich das Essen, kann mich aber nicht an seinen Geschmack erinnern. Zum Abendessen besuche ich meine Eltern und fühle mich einsam mit meiner eigenen Vegetarierportion. Ein Urinstinkt in mir wünscht sich, mir mit den anderen das Essen zu teilen, das Tier zu kochen, auszunehmen, Brot zu brechen. Seit der Intensivstation steckt in den Linsen keine Liebe mehr.

Zum Teufel mit den Tieren, wenn du in der Hölle brätst. Mein Selbsterhaltungstrieb ist gefräßig und drängt auf brutale Art nach Vergeltung. Simon ist zu diesem Leben gezwungen und kann auf diese Weise sterben. Hast du das große Ganze vor Augen, dann scheiß auf die Hühnchen. Das Leben wirkt so unbedeutend und entbehrungsreich. Liebend gern würden diese Hände einem Huhn das Leben nehmen. Lasst mich ein paar dürre Hälse umdrehen. Meine Seele hungert, ich brauche was zu essen.

Zwillinge

In meinem Haus leben fünf Kinder. Wer hat sie hier abgesetzt? Ich stolpere über einen Hund, eine Katze und einen Hamster, der einem in den Finger beißt. Auch Unordnung und Chaos haben sich hier eingerichtet. Sie sind gute Freunde, die mir am ehesten Gemütsruhe verschaffen. Das ist ein Glücksfall, denn sie sind ständig um mich herum.

Mein Elternhaus stiftete stets eine merkwürdige Verwirrung in mir. Die ganze Kindheit über steckte ich knietief im Durcheinander. Wo kamen die sechs Kinder und all die Haustiere her? Unbekümmert drängten sich in den Ecken Tiere und Babys. Jahrelang versteckte ein hochgeklapptes Kissen das verschmorte Loch, wo mein Bruder versucht hatte, das Sofa in Brand zu stecken.

Mein Vater praktizierte als Arzt von zu Hause aus. Er hatte sechs bereitwillige Rezeptionisten. Oft rief er: »Ich bin nicht da!« Wir alle lernten, uns am Telefon tadellos zu melden. Meine Mutter musste sich durch herumliegende Schuhe und Spielzeugautos arbeiten, die das Treppenhaus heruntergeschleudert worden waren, um die Tür zu öffnen. Zum Abendessen mussten sich meine armen Eltern hinter einem Babygitter verbarrikadieren. Die Teller auf den Knien gönnten sie sich zehn gehetzte Minuten, während ihre Kinder wie Zombies am Gitter scharrten. Ich bin stolz auf das Chaos, denn aus irgendeinem verrückten Grund bringt es glückliche Kinder hervor.

Simon wuchs mit zwei Schwestern in einem aufgeräumten Haus auf. In den Badezimmern passten die Farben der Handtücher zu den Shampooflaschen. Das

Chaos lag ihm nicht in gleichem Maße wie mir im Blut, aber er zog mit. Er wusste, was es bedeutete, mit Liebe aufzuwachsen. Beiläufig häufte ich Krimskrams-Skulpturen auf Tischen und Tresen auf, die er zwanglos wegfegte. Ich glaube, dass wir uns ergänzten, und das Ergebnis war eine unbeschwerte Balance.

Vermutlich bin ich ein bisschen besessen von Babys. Ob tierisch oder menschlich ist eigentlich egal. Vielleicht ist es eine Art Geistesstörung. Ich bin einfach verrückt nach süßen Gesichtern. »Jetzt hat sie wieder diesen Blick«, flüstern meine Freunde. Gebt gut acht auf eure Haustiere und Babys. Könnte sein, dass ich eins klaue.

Kurz nach der Hochzeit, in unserem ersten Zuhause in Greystones, zog eine streunende Katze in unseren Garten ein. Sie gebar fünf Junge, und wir behielten ein Kätzchen, sie warf erneut, und der Kreislauf setzte sich fort. Woher kamen nur all diese Katzen? Ungewollt wurde ich zur örtlichen verrückten Katzenfrau unserer Wohnsiedlung.

Als Kind hatten wir viele Haustiere, unser Haus aber lag an einer viel befahrenen Straße. So viele Katzen rasten zwischen den schnellen Autos durch ihr kurzes Leben. Dieses Dilemma wurde von meiner Mutter dadurch gelöst, dass sie immer wieder neue Haustiere anschaffte.

Durch den Umzug ins North Cottage verwilderte unsere Katze. Sie lief weg und hinterließ Mäusedärme an der Hintertür. Eines Tages entdeckte Simon sie mausetot im Straßengraben. Mit gesträubtem Fell lag sie da, doch ihr Körper war unversehrt. Ein schneller Lastwagen hatte sie von den klauenbewehrten robusten Beinen gerissen. Selbst Katzenpfoten können einem derart rasanten Tod nicht entkommen.

Stirbt ein Haustier, dann hinterlässt es eine Leerstelle. Du hörst und spürst es nicht mehr durch dein Leben wandern. Es ist einfach fort. Da steht ein leeres Futterschälchen. Die Tür am Katzenhäuschen steht offen. Der Tod kam schnell, leichtfüßig und ungeniert. Das Sterben ist eine grausam banale Angelegenheit, nicht anders, als Milch in den Tee zu geben. Ein Katzenbett voller Haare und ein paar ungeöffnete Futterdosen im Küchenschrank. Es geschieht so still, ganz ohne Wirbel und mit erbarmungsloser Endgültigkeit. Alles, was dir bleibt, ist das traurige Echo.

Wir bemühten uns, die traurigen Echos schalldicht zu isolieren. Die neun Leben unserer Katze waren verbraucht, also suchten wir einen Welpen. Wir fuhren nach Wexford und suchten uns einen Basset aus. Mit seinen Brüdern und Schwestern hopste er über die Wiese und stolperte über seine langen Ohren. Nicht einmal unsere eigenen Babys waren süßer. Es ist Liebe auf den ersten Blick. Wir geben ihm den Namen Pappy.

Von der Intensivstation kehrte Simon mit einem Beatmungsgerät und Vierundzwanzig-Stunden-Pflege zurück. Mein chaotischer Geist war einem Krankenhaus im eigenen Heim nicht gewappnet.

Da ist mein Mann, mit Schläuchen, die aus ihm ragen. Geräuschvolle Absaugmaschinen und piepende Beatmungsgeräte machen sich lauthals bemerkbar. In seinen Augen regt sich die Angst. Mir bricht es das Herz, also tu ich das Einzige, von dem ich weiß, wie es geht. Ich setze ihm Kinder auf den Schoß und platziere Tiere vor seinen Füßen. Kinder klettern durch Schläuche und stapfen über Kabel. Ihre pummeligen Hände tasten nach seinem Gesicht. Sie spielen. Jack hält sich an der Rollstuhllehne fest, und Simon zieht ihn durchs Zimmer. Die Luft ist von schallendem Kinderlachen erfüllt.

Es liegt nahe, ein weiteres Baby zu bekommen, denn das können wir noch. Pragmatische Überlegungen und die Fragen von Ärzten spielen keinerlei Rolle. Für mich ist es die einzige Überlebensstrategie, die ich beherrsche. Die Zeugung erfordert einiges Manövrieren mit hochgefahrenen Krankenbetten und aufgebockten Rollstühlen. Der Geist und der Körper müssen durch ein paar Gymnastik-reifen springen. Doch es gelingt uns.

Jetzt, wo er nicht mehr in der fensterlosen Intensivstation festsitzt, hat Simon neue Ausblicke. Er beendet das Drehbuch seines ersten abendfüllenden Films, das er vor der ALS begonnen und über dem er in Australien gebrütet hat. Sein Plan ist es, der erste Regisseur mit ALS zu sein, der je einen Film gedreht hat. Vielleicht wird er auch ein Buch schreiben. Actionszenen im Schnellvorlauf verwandeln sich innerhalb eines Herzschlags zu Tränenbächen, aber er will es so sehr, das spüre ich. Es schweißt uns zu einem Team zusammen. Sein Mut schafft ein Bindeglied zwischen uns, das unzerstörbar scheint.

Nur zu, ich bin zu allem bereit, allerdings habe ich nicht mit zweien gerechnet. Beim Ultraschall in der zwanzigsten Woche wollen wir nicht mehr überrascht werden. Ist es ein Junge oder ein Mädchen, fragen wir nervös. »Welches von beiden? Sie wissen schon, dass es zwei sind«, sagt die nette Frau. »Sie machen Witze«, antworte ich. »Nein«, widerspricht sie gereizt, offensichtlich beleidigt. Ich habe keine Vorstellung von Zwillingen. In meiner Familie gibt es keine. Ich denke: Wenn es noch mal zwei Jungs sind, dann stürze ich mich wahrscheinlich aus dem Fenster. Simon reißt die Augen auf. »Zwilling Nummer eins ist ein Mädchen«, sagt sie, und wir beide brechen in Tränen aus. Benedict, Pfleger der allmächtigen TUC-Kekse, ist auch da. Auf seinem Gesicht strahlt die Sonne.

Ich war so schrecklich hungrig. Zwillinge! Vielleicht kommt es von dem verfluchten Hühnchen. Man holt sie per Kaiserschnitt heraus, während Simon und seine Räder an meiner Seite sind. Es kommt mir vor wie eine Art kaiserliche Geburtsparty. Ich könnte schwören, dass die Krankenschwester Ballons unter dem OP-Kittel hat. Gleich danach darf meine Familie hereinkommen für die Tränen und Fotos. Wir haben zwei puppengroße Babys, Sadie und Hunter. Simon kann nicht nach ihnen greifen, also lege ich sie ihm in die Armbeuge, wo sie eingewickelt wie Baby-Burritos liegen.

Simon hat ein neues Team, und ich auch. Für einen Monat zieht meine Mutter zu uns und teilt sich das nächtliche Füttern mit mir. Die Zwillinge versehen uns alle mit einer neuen Bestimmung. Simons Mutter und Schwestern wechseln sich damit ab, auf die Jungs aufzupassen. Freunde, die nichts von dem Hühnchen wissen, stellen derart viele Spinat-Ricotta-Aufläufe vor unserer Haustür ab, dass wir schon grün sind.

Wir Menschen bilden uns ein, dass unser Tod tiefgreifender, bedeutsamer, dramatischer als der Tod eines Haustiers sein wird. Doch das stimmt nicht. Wir sind nichts anderes, der Tod ist für alle Lebewesen das Gleiche. Es kann ganz schnell und still vonstattengehen, im allernächsten Augenblick.

Als die Zwillinge drei Jahre alt sind, begegne ich der Leiterin der Dubliner Entbindungsklinik bei einem Vortrag. »Ich erinnere mich an Sie«, sagt sie. »Sie sind damals fast gestorben. Es gehört zum besten Teil meiner Arbeit, jemanden so gesund wie Sie zu sehen, der dem Tod schon einmal so nahe war.«

Keiner weiß, warum ich eine Sepsis bekam. Man zerbrach sich den Kopf, weil es drei ganze Wochen nach dem Kaiserschnitt geschah. Ich verbrachte noch einmal zwei Wochen in der Entbindungsklinik und starrte auf ein leeres Kinderbett. Man verabreichte mir fünf verschiedene Antibiotika. Ich wünschte, sie hätten das Babybett aus dem Zimmer geschafft. Immer wieder wurde mir schlecht. Ich ertrug das stramme weiße Babylaken nicht. Tagsüber holte Simons Familie die Jungen zu sich. Meine Mutter kümmerte sich ohne mich um die Zwillinge. Wieder und wieder belud sie die Waschmaschine. Abends, wenn sie wieder zu Hause waren, luden die Jungs ihre laute Wut und Verwirrung obendrauf.

Eine befreundete Bäuerin hatte einen Mann mit ALS. Eine gesamte Schwangerschaft hindurch pflegte sie ihn allein und versorgte auch noch den Hof. In der Nacht, in der ihre Tochter geboren wurde, brachte sie ihn ins Bett, fuhr ins Krankenhaus und gebar das Baby. Am folgenden Abend war sie mit dem Baby wieder zu Hause. Wieder half sie ihrem Mann ins Bett. Die wahren Superhelden sind so bodenständig. Sie machen einfach weiter, ohne viel Aufhebens. Diese Frau ist mächtig. Die Kraft der Erde steckt in ihren Armen.

Als ich aus dem Krankenhaus zurück bin, helfe ich der Schwester wieder dabei, Simon ins Bett zu legen, weil keine Pflegebegleitung zur Verfügung steht. Der Arzt empfiehlt, dass ich in einem anderen Bett schlafe, bis meine Wunde verheilt ist, um eine weitere Infektion zu vermeiden, aber das kann ich nicht. Unser Bett ist ein Schlachtschiff, es wäre die endgültige Niederlage, es zu verlassen. Also schlafe ich zwischen den nächtlichen Fütterungen

neben surrenden und schmatzenden Pumpen und piep-
senden elektrischen Geräten. Mein Hirn treibt panisch in
alle Richtungen fort. Bitte, liebes Gehirn, mach einfach.
Geh die Sache mit mehr Nüchternheit an. Oft denke ich
an die starken Arme meiner Freundin auf dem Bauernhof.
Sie ist wunderschön, winzig und mager wie ein Windhund. Zur Bäuerin würde ich nicht taugen. Komm mir
bloß nicht mit Selbstmitleid. Untersteh dich.

Etwas verwirrt bewege ich mich durch unser Haus.
Woher kommen nur all die Babys? Während sie heran-
wachsen, bewacht unser Basset Pappy die beiden Zwillinge beim Spielen. Wie auf einem Steckenpferd sitzen sie
auf seinem Rücken und ziehen den armen Kerl an den
Ohren. »Wo ist Hunter?«, frage ich. Das emsige Haus und
die geschäftigen Jungen geben mir keine Antwort. Ich
entdecke den tief und fest schlafenden Dreijährigen ein-
gerollt in Pappys Hundekorb. Schwermütig blickt mich
der Hund neben ihm an. Mein kleiner Welpenjunge Hunter wurde von Wölfen gesäugt. Seine runden Backen
schmiegen sich an das Fell. Synchron steigt und fällt ihr
Atem.

Mit jedem Geburtstag bettelt mein zweitältester Sohn
Raife um ein weiteres Haustier. Viele Leute können es
einfach nicht nachvollziehen. Warum in aller Welt sagst
du Ja? Mir hingegen leuchtet es ganz und gar ein. Der
Sensenmann lauert im Badezimmer, in dem die Shampooflaschen nicht zum Rest passen. Das klinische System
ist nicht im Einklang mit unseren Seelen. Was sonst sollten wir tun? Dies ist unser Zuhause, und unser Zuhause
braucht das Chaos. Aus irgendeinem Grund werde ich
immer Ja sagen.

Sorge

Unser Ältester, Jack, macht sich immerzu Sorgen. Sein Kopf ist eine riesige Insel mit vielerlei Zuflüssen. Schwere Gedankengebirge ankern in versteckten Buchten. Wenn sie zu sehr an ihm zerren, RUMS, dann trifft es uns. Bei Jack mag es um Leben oder Tod gehen oder nur um ein fehlgeschlagenes Tauschgeschäft mit einer Lego-Figur. Man sollte den Tauschhandel mit Lego nicht unterschätzen. In der Hitze des Gefechts scheint alles ganz richtig. Bald danach zerreißt es dir das Herz vor Reue, doch es ist zu spät. Deine Lieblings-Lego-Figur ist in den Händen eines anderen, wohnt nun in der schmutzigen Hosentasche eines fremden Kindes. Wenn man zehn Jahre alt ist, dann sind dies Fragen auf Leben und Tod.

Sorge zeichnet sein Gesicht am Abend vor dem Einschlafen. »Ich kann nicht schlafen«, jammert er. »Mach einfach die Augen zu und warte«, seufzt Arden. »Aber das mach ich doch.« Wir spielen das Entspannungsspiel, ein alter Jedi-Psychotrick, den ich vor langer Zeit in einer Yogastunde gelernt habe. Ich flüstere ihm Liebesworte zu, und sein Geist geht mit dem Mond auf Wanderung. Nur in der völligen Selbstvergessenheit des kindlichen Schlafs sieht sein Gesicht sorgenfrei aus.

Als er zwölf Jahre alt war, lief mein Bruder aus dem Internat weg. Wir saßen alle am Küchentisch, als eine vermummte Gestalt einen Schatten auf unsere Teller warf. Sorge hatte ihn in Dunkelheit und Morast gehüllt. Deutlich hing eine düstere Comicwolke über seinem Kopf. Wegen seines Asthmas war er für sein Alter relativ klein. Trotz des Sorgenumhangs und der Wolke wirkte er an diesem Tag überraschend groß. »O mein Gott!«, kreischte meine Mutter. Man hatte ihm so sehr eingeschärft, niemals per Anhalter zu fahren, dass er die gesamten vierzig Meilen von Dublin nach Hause zu Fuß gegangen war. Eine Woche später schickten meine Eltern ihn wieder zurück, doch er lief wieder weg. Er rannte um sein Leben. Danach schickten sie ihn nicht mehr hin.

Hoch über den Felsen, dem Meer und der Bahnlinie verläuft der Klippenwanderpfad von Greystones. Er führt bis nach Bray. Michelle und ich gehen dort gern laufen. Laufen ist toll, denn man braucht keine besonderen Fähigkeiten. Wenn man von den ausgeklügelten Turnschuhen absieht, braucht es nichts, als einen Fuß vor den anderen zu setzen. Einfach immer weiter, ein Schritt nach dem anderen.

Sorge ist Angst, die deinen Geist ins Taumeln bringt. Sie lockt dich in die Falle, und du sitzt im Schleudergang fest. Wenn ich mir Sorgen mache, dann gehe ich gern laufen. Wenn man einen Laufpartner wählt, dann sollte man nach einer Kämpfernatur suchen. Außerdem ist Michelle ein ganzes Stück fitter als ich. Mit Pappy bin ich auch schon einmal gerannt, aber er war zu langsam. Nach ein paar Kurven hatte ich ihn abgehängt. Der Anblick eines Basset-Körpers, der versucht, dich auf kurzen Beinen einzuholen, ist unvergesslich.

Jeden Morgen auf dem Schulweg kommen wir am Meer vorbei. »Hallo, Meer!«, schreien die fünf Kinder. »Momma, ist es heute gut?«, fragt Sadie. Bei Flut kommt man über die Stufen ins Meer, bei Ebbe stakst man über glitschige Steine. Beides ist gut. Nur wenn die See zu rau ist, ist es schlecht, weil das bedeutet, man kann gar nicht schwimmen. »Heute ist es gut«, antworte ich. »Hurra!«, jauchzt sie. Sadie schimpft mich, wenn ich gestresst bin. Ihre Fragen kleidet sie in erhobene Zeigefinger. »Momma, musst du vielleicht mal wieder schwimmen gehen?«, fragt sie in ihrem Singsang. »Ja, Sadie, das muss ich tatsächlich«, erwidere ich brüsk.

Ich wuchs in einem alten Haus auf, ganz ohne herrschaftliche, repräsentative Schönheit. Das Haus war einfach alt und ein wenig hässlich. Zur Zeit der Hungersnöte war es ein Krankenhaus gewesen, Menschen waren hier gestorben. Alte Mauern sind wie Schwämme. Sie absorbieren die Feuchtigkeit und die gestorbenen Seelen, und als Gruselkonzentrat werden sie wieder herausgepresst.

Die Praxis meines Vaters lag am Ende eines langen Korridors, und dort war auch der Schalter für die Heizung. Abends schickte man uns Kinder hin, um die Heizung abzudrehen. Wir alle fürchteten diesen ausgetretenen Pfad ins Verderben. Die Geschwister wechselten sich auf diesem einsamen Weg ab, immer das Küchenlicht im Rücken. Vor uns lag ein Gang in die Finsternis, an einer Vitrine vorbei mit einer Sammlung grässlicher antiker Puppen. Ein schneller Dreh am Schalter im kalten Sprechzimmer, und du warst verloren im unendlichen Schwarz. Lauf schnell zurück ins Licht, die Küche aber lag eine Ewigkeit entfernt. Du musstest rennen, was das Zeug hielt, während dir die Dunkelheit von hinten über die Schultern schwappte. In den Ohren toste die Angst. Du ranntest um dein Leben.

»Lass die Tür einen Spalt offen!«, brüllt Raife. »Ich hab Angst im Dunkeln.«

»Du brauchst keine Angst vor der Dunkelheit zu haben«, beschwichtige ich ihn. »Sie nimmt ganz einfach deine Augen in die Arme, damit du besser schlafen kannst.«

Oder, weniger besänftigend: »Du weißt ja gar nicht, wie gut du es hast. Ernsthaft. Wir leben ja nicht in einem alten Haus. Versuch mal, in einem so gruseligen Haus aufzuwachsen wie ich. Das war der reine Horror jeden Abend, ich hab mich unter der verschwitzten Decke versteckt. Hier gibt es nur harmlose Pappdeckelwände und draußen heimelige Straßenlaternen!« Er kichert, aber es hilft nichts. Wenn du ein Kind bist, dann atmet dir die Finsternis in den Nacken, es ist ein Urinstinkt.

Scheint der Mond, dann rennen wir vor die Tür. Draußen scharen sich meine fünf Kleinen um mich. Mondsüchtig blicken wir hinauf und staunen über die Sterne. In der Nacht, bevor Simon aus der Intensivstation zurückkehrte, tanzten die Sterne einen Glitzertanz. Vom hellsten Stern wünschte sich Jack, dass sein Vater nach Hause käme. Der Glaube, dass sein Wunsch in Erfüllung ging, ist noch immer stärker als der an den Weihnachtsmann.

Überall gibt es Zauber und Magie, erkläre ich ihnen. Spürt ihr es nicht? Jack wird ermutigt, seinem Vater zu helfen. Freundliche Pfleger zeigen ihm, wie die Maschinen funktionieren. Er beeilt sich, Handwärmer unter klamme Finger zu legen. Die Anerkennung durch Pfleger und Familie spornt ihn an. Er schleicht aus dem Zimmer und kauert sich mit sorgenvoller Miene in sein Stockbett. »Jack«, sage ich. »Es ist lieb von dir, dass du mithilfst.« Er nickt brav. »Aber du musst nie und nimmer Papas Pfleger sein«, flüstere ich. Seine Augen sind tellergroß, fest packt er meine Hand. Schweigend umarmen wir uns, und er will mich nicht mehr loslassen.

»Laufen und schwimmen?«, seufze ich. »Michelle, du hast ein echtes Arschloch aus mir gemacht.« Wir gehören zu keiner der schicken Lycrafraktionen, die beim letzten

Lauf Wasserflaschen und Sonnenbrillen gewonnen haben. Tragen die beim Laufen tatsächlich Make-up? Hier geht es nicht um eine öffentliche Darbietung. Trotzdem spiele ich mit dem Gedanken, mir ein paar coole rosa Laufschuhe zu kaufen.

Michelle besitzt die frappierende Fähigkeit, gleichzeitig zu laufen und zu reden. Wir rennen beinahe gleichauf, irgendwann aber falle ich ein paar Schritte zurück. »Komm schon, Pappy!«, scherzt Michelle vor mir. Nicht von dem Geplänkel täuschen lassen. Michelle und ich rennen um unser Leben.

Wir rennen, damit unsere Füße auf den harten Boden treffen, damit wir über Steine fallen und stolpern. Wir rennen, weil es uns wachrüttelt, wenn wir auf einem Hügel sind, hoch über den Sorgen, dem Schmerz und der Einsamkeit. Wir sind uns schmerzlich der Schönheit und der Traurigkeit dieses Lebens bewusst. Es ist ein zu großes Wagnis, den Hunger unserer Seelen zu verdrängen. Wir jagen unseren Seelen die Beine ab, um sie bei Laune zu halten. Wie Kinder, die an einem Regentag zu lange drinnen eingesperrt waren, brauchen unsere Seelen rennende Füße.

Sorgengeplagte Gemüter sind wankelmütig und trügerisch. Mein sorgengeplagtes Gemüt will nicht über den Klippenpfad laufen oder im Meer schwimmen. Bleib im Warmen, bemüh dich nicht. Ein sorgengeplagter Geist lässt mich in der Ecke verkriechen, während meine Seele wie ein leeres Weinglas klirrt.

Doch ein paar Stufen hinauf und losgerannt macht aus den Sorgengeplagten Kämpfernaturen. Einen Fuß vor den anderen setzen. Der Klippenpfad liegt hoch über dem Meer. Wir blicken hinab auf die Gezeiten, die so wechselhaft sind. Am einen Tag tosend, am nächsten ein ruhiger See, die Gezeiten wechseln, schön aber sind sie immer. Wir sehen aufs Meer hinaus und suchen den Horizont nach Liebe ab. Unsere Gedanken schneiden Kurven und laufen in Geraden. Unsere Beine erklimmen Berge und sind frei.

An den Stufen in unserer Bucht beenden wir den Lauf, und Michelle sieht mich mit funkelnden Augen an. Diese Frau ist eine Plage. Plötzlich schälen wir uns aus den Kleidern, bevor die vom Rennen erhitzten Leiber auskühlen. In Unterhose und Sport-BH hopsen wir die Stufen hinunter. Wild kichernd stürzen wir uns ins Wasser. Unser Kichern verwandelt sich in Kreischen. Die verschwitzten Laufkleider werden beim Rauskommen verschmäht. Im Auto klammern sich meine Zehen an die Pedale, und zitternd halte ich das Lenkrad in den Händen, während ich barfuß und tropfend in Handtücher gewickelt nach Hause fahre.

»Ich fürchte, dass du einfach vor allem davonrennen willst«, sagt eine liebe, besorgte Freundin. »Du meinst, dass es dir guttut, aber stellst du dich auch deinen Problemen? Nimm's mir nicht übel, aber ich mag es noch nicht einmal, im Meer zu schwimmen. Es ist so öde, auch der Strand ist irgendwie langweilig. Damit kann man nicht wirklich ein Problem lösen, oder?« Ihre Offenheit bringt mich lauthals zum Lachen. Die ALS lässt sich nicht lösen. Manche Dinge sind unlösbar. Danke, aber da halte ich mich lieber an die Magie.

Wann immer es mich danach drängt, ins Meer zu springen, muss ich daran denken, wie mein Bruder weggelaufen ist. Er ist mein chronisch asthmatischer Vierzig-Meilen-Held mit dem Herz eines Löwen. Wenn du um dein Leben rennst, dann leitet dich ein Urinstinkt. In den

wogenden Wellen ist dieser Instinkt der Fels in der Brandung.

Mach dir keine Sorgen, Jack, bitte mach dir keine
Sorgen. Heute habe ich um Jack geweint. Um seine Sorge,
der Pfleger seines Vaters zu werden. Um die Menschen,
die unbemerkt diesen Gedanken in seinem Kopf säten.
Um die Erleichterung in seiner Umarmung, mit der er
sich an mich klammerte. Greif nach den Sternen, Jack.
Sorgengeplagte können zu Kriegern werden. Der Mond
und die Sterne sind in Dunkelheit verpackt. Nimm sie
entgegen. Lauf zu, mit tapferem Herzen, dann wird alles
gut.

Verlorene Dinge

Wir haben ein Dauerproblem mit verlorenen Schuhen. »Er ist weg! Einfach WEG!«, jammert Raife und rennt durchs Haus. Mit einem beschuhten Fuß und einer armselig entblößten Socke humpelt er in die Küche. Angesichts verlorener Schuhe entwickeln meine Kinder energisches Pathos. Schuhe verlegt man nicht einfach. Sie verschwinden für immer. Fast jeden Morgen ist unser detektivisches Können gefragt auf der härtesten Jagd aller Zeiten. Das unglaubliche Rätsel des verlorenen Schuhs.

Ich sitze im Auto im Untergeschoss eines Einkaufszentrums und merke, dass mir die Kontrolle entglitten ist. Mir ist nicht klar, wodurch dieses Gefühl ausgelöst wurde. Es gibt mindestens zehn beziehungsweise abzüglich der Übertreibung fünf Gründe, warum ich einen Zusammenbruch erleide. Ich weiß nicht, ob es ein Zusammenbruch ist, aber ich kann nicht richtig atmen, nicht richtig essen, meine Hände sind taub, und Wogen schwindelerregender Panik durchfluten meinen Tag.

An guten Tagen entwickelt Simon Schnitzeljagden auf dem Computer. Unsere Kinder lieben Rätsel. Wir drucken seine gereimten Hinweise aus, und aufgekratzte Pflegerinnen verstecken sie im Haus. Die Siegerprämien – Bücher, Comics oder Schokoladentafeln – verbergen sich im Gartenschuppen oder in einem Blumentopf. Nur beim Verstecken im Kamin ist bei mir Schluss.

Das hier macht froh.
Hierhin setzt du deinen Po.
Auf diesen Platz.

Nun wünsch dir was.
Mach kein Geschussel.
Find den Schlüssel.

Schreib's auf, Ruth. Kitzel es heraus und schreib's auf.
Ich hoffe, dass es aufhört, ein Zusammenbruch zu sein,
sobald ich ihn in beredte Worte fasse. Und nein, ich werde
dem unkontrollierbaren Drang nicht nachgeben, mein
Handy aus dem Fenster zu werfen, in die Midlands zu
fahren, mir ein Hotelzimmer zu nehmen und mich zu verstecken, zu schlafen und unter der Bettdecke zu heulen,
bis mich jemand dort findet und höflich auffordert zu gehen. Das einzige Schreibwerkzeug, das ich in diesem ver-
müllten Auto finden kann, ist ein stumpfer, dicker Kin-
derbleistift. Immerhin kann ich die Wörter somit wieder
wegradieren.

Jeden Morgen setzen wir uns auf der Jagd nach den
verlorenen Schuhen die imaginären Sherlock-Holmes-
Mützen auf. »Derjenige, der den Schuh findet, gewinnt
etwas!«, rufe ich. Genau genommen brülle ich nach
Mütter-Art, da mir eine ordentliche Schiedsrichterpfeife
abgeht. Fünf eifrige Doktor Watsons kriechen in Aussicht
auf eine Gummibärchen-Prämie vor der Schule unter
Betten und heben Sofakissen an.

Schnittlauch, Basilikum, Rosmarin.
Damit macht Momma das Essen fein.
Wo Schmetterling und Vogel sich laben.
Im Kräuterbeet liegt der Schatz vergraben!

Es mag abwegig scheinen, doch ich kletterte in dieser
blitzblanken unterirdischen Parkgarage auf den Rücksitz
und deckte mich mit der Hundedecke zu. Ich wäre auch

eingeschlafen, wenn die Kälte mir nicht in die Knochen gekrochen wäre, insbesondere in der Lücke zwischen der Jeans und dem unzureichenden T-Shirt.

Mutlos steht Raife – Ritter des verlorenen Schuhs – da und reckt die Hände in die Luft. Es ist an der Zeit, sein Gemüt zu besänftigen und Unheil abzuwenden. »Lass uns nachdenken«, sage ich tröstend. Wir vollziehen seine gummibesohlten Schritte nach, bevor sie zu schmutzigen Socken wurden. »Er ist WEG«, beharrt er, als sei ein gewaltiger Tod über uns hereingebrochen.

»Counting up my demons«, singt Chris Martin im Autoradio, und da kann ich ihm nur von ganzem Herzen zustimmen. Schreib auf, welche Dämonen dich quälen, dann nimmst du ihnen ihre Macht. Fünf Gründe für einen Zusammenbruch türmen sich fröhlich übereinander. Simon kann sich nicht bewegen. *Das ist okay.* Vierundzwanzig-Stunden-Pfleger lösen sich ab in Tüchtigkeit, Freundlichkeit, Durcheinander, Irrsinn, Eindringen in die Privatsphäre, unzivilisiertem Müllverhalten, Inbeschlagnahme der Toilette, nächtlichen Wanderungen, geschwätzigen Stimmen. Sie sind ÜBERALL. *Pillepalle.* Zu ihnen gesellen sich Hilfskräfte für viele Tassen Tee. *Alles gut.* Jeden Tag lieben, brüllen, lachen und betteln fünf schöne Kinder. *Wunderbar.* Ein Basset mit zunehmend schlechter Laune und entzündeter Haut knurrt, lässt sich ausschließlich von seiner Nase leiten, stibitzt Essen vom Tisch und schnappt nach mir, wenn ich ihn wegziehen will. *Ich schaff das schon.*

Nichts von alledem ist Grund für meinen Zusammenbruch. Im Vergleich zu einer unerträglichen Tatsache sind diese Dinge einfach. Mein Vater hat Krebs, und ihm fallen die Haare aus. Mittlerweile ist es weiß und stoppelig, wo es früher dunkel und voll war. Er ist ein schneeweißer Fuchs und hat Knochenmarkskrebs. Wenn er die gewaltigen Augenbrauen verliert, die sein schönes Gesicht einrahmen, dann sterbe ich. *Das ist es.* Das ist die eine Sache, die mich zusammenbrechen lässt.

Ich mühe mich aus dem Auto und gehe in ein hell erleuchtetes belebtes Café. Allein sitze ich da und denke über verlorene Dinge nach. Plötzlich klingt die Betriebsamkeit dieses Orts verwirbelt und unwirklich wie Unterwassergeräusche. Ich gehe unter, schwimme atemlos in einem Schwarm bunter Fische. Nach außen hin mag ich eine Frau sein, die allein dasitzt und mechanisch ihre Kaffeetasse zum Mund führt. Vermutlich wirkt mein Gesicht ein bisschen freakig, noch aber ist niemand nach einem Blick auf mich erschrocken zurückgewichen.

Würden sich die anderen fünf Gründe nicht so hoch auftürmen, vielleicht, so denke ich, wäre ich dann in der Lage, eine tapfere Tochter zu sein angesichts der Krebserkrankung meines Vaters. Ich könnte mich der Sache stellen und etwas tun. Meine Stimme wäre entschlossen, und ich würde mich unbeirrbar die harten Stufen der Krankheit hinaufquälen. Ich beobachte meine Mutter bei all diesen Dingen, sie ist großartig. Mein Blick ist voller Nostalgie, wie der einer achtzigjährigen Frau, die die Jugend beobachtet. Gott segne sie.

Das alles habe ich schon hinter mir. Jede dieser Stufen bin ich gegangen. Wenn ich meine Mutter betrachte, bin ich eine alte Frau. Ich bewundere den Prozess, den sie durchläuft. Ich aber existiere jetzt irgendwo außerhalb dieses Prozesses. Ich vermisse es, diese Frau zu sein. Ich vermisse es, so wie ich es vermisse, richtig zu atmen oder am Morgen mit der Leichtigkeit eines neuen Tages aufzuwachen. Ich sitze im Schaukelstuhl, blicke durch meine

Gleitsichtbrille und betrachte sie voll Liebe und Neid. Ich beneide sie, denn für Krebs gibt es einen Aktionsplan in der gewöhnlichen Welt. Die ALS ist ein medizinisches Schulterzucken in dieser total bekloppten Stadt.

Heute fand sich der Schuh – er klemmte unter dem Star-Wars-Modell des Millennium-Falcon. Arden hält ihn in die Höhe. Wir jubeln. Jetzt können wir uns wieder auf den Schulweg machen. Die triumphierende Hand streckt sich mir entgegen, um Gummibärchen entgegenzunehmen, und vier weitere Hände folgen ihrem Beispiel. Meine Mutter besaß immer Notvorräte an Gummibärchen und anderen Süßigkeiten, und in unserem Haus ist es nicht anders. Wenn die Kinder nicht gerade auf der Jagd nach Schuhen sind, dann hecken sie fröhlich Pläne aus, wie sie meine heimliche Reserve plündern können.

Er ist neu und drin ist Essen.
Mom ist ganz auf ihn versessen.
Ist sie dann einmal so frei,
kriegst du 'ne kalte Leckerei.
Er kühlt auch mein Bier und drum
Zieht Handschuhe an, zeigt Mumm:
Die nächste Post
verbirgt sich im Frost.

Gibt es einen Punkt, an dem der Mensch zerbricht? Vielleicht fühlt es sich nicht anders an, den Verstand zu verlieren als einen Kinderschuh. »Er ist einfach WEG«, werde ich jammern. Ich war schon öfter an diesem Punkt. Mein Zusammenbruch war im Grunde das Vorspiel zu einem ordentlichen Weinkrampf. Jedesmal aber denke ich: Okay, jetzt ist es so weit, ich drehe durch, wie wird es wohl sein?

Werde ich sabbernd auf einer harten Matratze sitzen, umgeben von weißen Wänden? Werde ich beim Wegdriften meinen Kindern zulächeln? Werde ich barfuß meilenweit laufen, bis meine Füße bluten und man mich anhand meiner Kreditkartengeschäfte ausfindig macht?

An schlechten Tagen schläft Simon viel, und es fällt ihm schwer, Kontakt herzustellen. Ratlos stehen wir an der Schlafzimmertür und lauschen auf ein Lebenszeichen. Er tut sein Bestes, aber nicht jeder Tag taugt für Rätselverse. Ich frage mich, ob es Michelle auch so geht. An manchen Tagen geht mir mein Mann verloren. Uns bleibt nur der Rohbau, die Möblierung fehlt. An schlechten Tagen lungere ich unschlüssig auf leeren Fluren herum und überlege, ob ich ihn aufwecken soll.

Die Wahrheit ist: Schon vor langer Zeit ist die Leichtigkeit verloren gegangen. Leichtigkeit ist wie ein kurzerhand verlegter Schuh. Auch ohne Leichtigkeit kann ich überleben, doch fast jeden Morgen verbringe ich damit, nach ihr Ausschau zu halten. Ich kann zu viel Kaffee trinken, mich mit Arbeit ablenken, abwechselnd kalte Bäder im Meer nehmen und rennen oder zu viel Rotwein und Käsenachos vertilgen. Wenn uns die Leichtigkeit so leicht abhandenkommt, wo, frage ich mich, ist dann die Belastungsgrenze, wo ist meine Bruchstelle?

> Du hast mich gefunden! Da lüft ich den Hut!
> Hast du Spaß und Vergnügen?
> Jetzt braucht's keinen Mut.
> Schau, wo die dicken Feen nachts liegen.

Das hier könnte das größte Rätsel aller Zeiten werden. Was passiert, wenn der zweite Schuh der Verstand ist und er ebenfalls gestohlen wird? Was dann? Was für ein Glück, dass Schuhe niemals in Paaren verloren gehen. Lieber Gott, gib dieser Frau ein Gummibärchen. Ist es schon so weit? Da wären wir also. Ich stelle meine leere Tasse auf der Theke ab und gehe zum Zeitschriftenhändler, um mir einen Stift zu kaufen.

Wolf oder Pandabär

W ärst du lieber arm, und alle lieben dich, oder reich, und alle hassen dich?« So viele Fragen stecken in meinen Jungs. Sie müssen sorgfältig bedacht und umgehend beantwortet werden. »Jetzt sag schon, Momma, schnell!«

»Willst du lieber von einem weißen Riesenhai getötet werden oder ein Vampir sein?«

»Es ist besser, von einem Hai getötet zu werden, denn das geht schnell«, argumentiert Arden weise. Die anderen murmeln Zustimmung. »Was glaubst du, Momma?«

»Wie, was?« Ich stocke, während ich mit drei dampfenden Kochtöpfen auf dem Herd jongliere.

»Was willst du lieber sein, Momma: Wolf oder Pandabär?«, will Raife wissen. »Such dir eins aus!« Ich muss an einen großen Vegetarierpanda denken, der den ganzen Tag an einem Bambusstöckchen kaut, und antworte: »Oh, auf jeden Fall ein Panda.«

»Aber Momma«, weist mich Raife zurecht und schnalzt mit der Zunge. »Es ist ganz schön stressig, ein Pandabär zu sein. Wenn die Pandamutter mehr als ein Baby hat, muss sie eines aussuchen, und die anderen kleinen rosa Bärchen bleiben allein und sterben. Außerdem lässt der Vater sie immer sitzen, und sie muss alles allein machen.«

»Du lieber Himmel«, brumme ich. »Und ich dachte immer, Pandabären sind schnuckelige Hippies.«

»Wölfe aber«, fährt Raife fort, »tun dir nur weh, wenn sie bedroht werden. Eine Wolffamilie wächst und wächst und hält immer zusammen, sie trennen sich nie, solange sie leben.«

»Hast du das alles aus der Kinderausgabe von *National Geographic*?«, staune ich. »Wow, das ist echt heftig.«

»Ich hab dir gesagt, dass ich ein goldenes Gedächtnis habe«, zuckt er die Schultern, schnappt sich den Soßenlöffel und schleckt ihn ab.

Das Schwimmen im Meer wirkt Wunder gegen Gehemmtheit. In den ersten paar Wochen duckte ich mich verlegen auf den Stufen unserer Bucht. Mein von den Babys ramponierter Körper fühlte sich bloßgestellt. Mittlerweile werfen wir die Kleider ab wie nutzloses Bonbonpapier. Die Verpackung ist nebensächlich. Als Undinengöttinnen steigen wir aus dem Wasser. Das kalte Wasser verleiht uns eine neue Haut.

Simon dreht gerade seinen Film *My Name is Emily*. Voll Bewunderung blicke ich ihn an. Sein Gemüt ist entrückt. Er ist nicht länger der Mann im Bett, sondern der erste Filmregisseur mit ALS, der mithilfe eines augengesteuerten Computers einen abendfüllenden Spielfilm dreht. Er mobilisiert Ressourcen aus seinem tiefsten Inneren und brennt vor Tatendrang. Vorsichtig stricken die Produzenten an Terminplänen mit halben Arbeitstagen, um auf der sicheren Seite zu sein. Niemand hat mit dem Feuer gerechnet, das in ihm steckt. Jeden Tag vom Morgengrauen bis zum Sonnenuntergang verbringt er auf dem Set.

Ich werfe einen Blick in Raifes Zeitschrift. Wölfe mögen aussehen wie Einzelgänger, doch sie bleiben loyal bis ans Lebensende. Eine ihrer größten Stärken ist die dauerhafte emotionale Bindung zu anderen. Raife, ich hab's mir anders überlegt. Mein Blick wird zunehmend unersättlich und wölfisch. Ich giere nach Fleisch und danach, allein zu sein. Ich führe das Leben eines Wolfs. Wölfe lassen sich nicht domestizieren. Davon zeugt mein chaotischer Haushalt. Die ALS hat einen Wolfshunger hervorgebracht. Ich will kein gestresster Pandabär sein, der allein dasitzt und den ganzen Tag am Bambus kaut. Egal, wie sehr vom Aussterben bedroht und wie tragisch – ich will mich nicht am Rande des Abgrunds herumdrücken. Rotkäppchen war eine solche Idiotin. Leg dich bloß nicht mit mir an. Ich will eine Wölfin sein.

Bei der Arbeit steht Simon unter Strom und birst vor Leidenschaft. Er hat jenen Schaffensort für sich entdeckt, nach dem sich viele von uns sehnen. Es sind die Verpflichtungen, die den meisten von uns verwehren, sich allzu lange dort aufzuhalten. Angst und Unsicherheit sperren uns davon aus. Simon aber bündelt unerschütterlich alle Kraft darauf. Wenn du einmal den Weg hineingefunden hast, zieht es dich unvermeidlich an diesen Ort. Es bringt dich dir selbst näher, dem Sinn deines Daseins. Er ist fort und dreht einen Film, und ich freue mich so unendlich für ihn. Ich blicke auf sein leeres Bett und bekomme Lust, die Zeit konstruktiv zu nützen. Ich beschließe, so oft wie möglich nackt zu sein.

»Nackelig! Wir sind nackelig!«, kreischen meine Kinder und hopsen mit blanken Pos über den Gang. Ich beneide sie, denn ich hasse verschlossene Türen. Mein so öffentliches Haus verlangt sittsames Entkleiden von mir. Jeden Morgen brechen Simon und die Pfleger in emsiger Geschäftigkeit auf. Dann setzen sich andere Geräusche im Haus durch. Badezimmertüren bleiben offen. Was für ein Luxus, sich bei weit offen stehender Tür zu duschen und Unterhosen und BHs auf den Boden fallen zu lassen, als wolle man Spuren legen. Ich schließe mich dem nackten Haufen an, der über die Korridore läuft. »Momma ist auch nackelig!«, johlen sie. Freunde rufen an und wissen Bescheid. »Ihr seid nackt, oder?«, seufzen sie. »Ja«, bestätige ich glücklich. Um Skype und Facetime machen wir einen Bogen.

An einem milden irischen Morgen versammeln sich Lieferwagen, Zelte und Kabel am South Beach von Greystones. Es ist einer jener verqueren Tage, an denen der Regen himmelwärts zu fallen scheint. Unter den Regenschirmen sprüht der Nieselregen nach oben und durchnässt dich vom Boden. Simon dreht seinen ganzen Film in der Umgebung von Wicklow, und auf dem Schulweg wetteifern wir oft darum, wer als Erstes den Lieferwagen vom Catering sieht. Heute ist ein besonderer Tag. Simon sitzt in Decken gewickelt im Regiezelt und starrt entschlossen und begierig auf den Kameramonitor. Einhundert Statisten lungern in Bademänteln am Strand herum und nippen nervös an ihren heißen Suppen. Auch wenn die diesigen Regenwolken ihn ein wenig verschleiern, lässt sich doch nicht leugnen, dass es sich um einen öffentlichen Strand handelt.

Michelle erzählt uns von früheren Badeausflügen mit Galen. In Dublin gibt es einen beliebten Badeplatz namens Forty Foot. Ein Mann in den Sechzigern machte vor dem Sprung ins Wasser immer nackte Hampelmänner. Verständlicherweise prägte sich Michelle dieses Bild ein. Er war sehr stark behaart, sagt sie. Etwa zehn Minuten lang machte er seine Hampelmann-Sprünge. Kurz legt sich Schweigen über die Ladies' Cove, während wir alle über den Anblick dieses Mannes nachsinnen.

Pflegerin Marian schenkt mir eine merkwürdige Lampe. Sie besteht aus einem großen Steinklumpen mit einem Lämpchen im Inneren. »Das ist eine Salzlampe«, erklärt sie mir. »Sie absorbiert die ganze negative Energie im Haus.« Der Salzstein glüht hellorange, wenn man das

Licht einschaltet. Die Farbe erinnert an einen heimeligen Kamin. Negative Energien bleiben ein unergründliches Rätsel, aber es ist einen Versuch wert. Orange ist die Farbe des Zuhauses, ich liebe sie.

In der Bucht erzählt der raunende Wind Geschichten süßer Selbstvergessenheit. Wir alle lauschen ihm. Vorsichtig stellt eine alte Dame in wehenden Gewändern einen altertümlichen Gettoblaster auf den Steinen ab. Blecherne Stammesmusik wird über die Felsen getragen. Dann fängt sie an, drum herumzutanzen und die Arme in der Luft zu schwenken – ein verrückter Alte-Damen-Tanz. Die Kinder schleichen sich näher heran. »Sie *sieht* uns noch nicht einmal!«, kichern sie. »Sie ist komplett verrückt«, murmele ich. Ich sinniere über die Freiheit haariger nackter Männer und tanzender Frauen. Wenn ich achtzig bin, könnte ich splitternackte Hampelmänner machen, meine Brüste und meine wabbeligen Teile würden wild herumwippen, und ich wäre ganz zufrieden in meiner Haut und würde nur hoffen, keine Hüftprobleme zu bekommen. Ist das denkbar? Sag niemals nie.

Es gibt peinlich gerötete Gesichter an jenem Tag, an dem mein Schwiegervater vergisst, dass Simon am Filmset ist. Er schließt mit seinem eigenen Schlüssel auf. Ich komme gerade aus der Dusche, ohne Handtuch und laut singend. Das Lied wird zu einem Schrei und zum Klatschen nasser Füße, die beschämt zurückweichen. Von da an klopft er immer zuerst.

Am Filmset für *My Name is Emily* haben sich Exhibitionisten, ALS-Leidensgenossen, Spendensammler, Freunde aus dem Ort und andere wahllose Irre versammelt, um Simon zu unterstützen. Sie stellen sich mit dem Gesicht zum Meer am South Beach auf und legen die Bademäntel ab. Gelächter wogt über die Köpfe, als sich Männer und Frauen jeglicher Größe und Form splitterfasernackt zusammendrängen. Ganz vorne steht der Schauspieler Michael Smiley. Er ist nackt, und seine Augen glitzern. Ein Latz aus Gummi wahrt ein wenig Anstand. Die Kameras legen los, und er ruft der Menge zu: »Das hier sind wir! Auf geht's!« Sein nackter Po rennt aufs Wasser zu, und ihm folgt ein verschwommener Haufen von hundert weiteren Hintern. Ein Urschrei steigt zum Himmel. Jeder Film sollte eine nackte Massenszene am Meer haben. In unseren Regenklamotten beobachten wir sie von der sicheren Promenade aus und kriegen eine Gänsehaut. Ein bisschen erinnert es an eine an den Strand verlegte *Braveheart*-Szene.

Die Kameras drehen die Szene nur einmal, und ich will nichts verpassen. Wie so viele erstaunliche Dinge wirkt der Anblick unwirklich und traumähnlich. Respektvoll wenden wir den Blick ab, als die nackten Statisten an den Strand zurückkehren. Entblößte Vorderseiten schwingen wild hin und her, als die Beine über den Sand rennen. Nie hat es unbeholfener ausgesehen, durch trockenen Sand zu laufen. Die Tennislehrerin der Jungs, eine sittsame Dame in den Sechzigern, und eine nette Mutter, die ich von der Schulpforte kenne, grüßen mich strahlend, als sie wieder in den Bademänteln stecken. »Hat Jack vielleicht Lust, morgen zum Spielen vorbeizukommen?«, fragt die Mutter freundlich. Die Welt ist auf wunderbare Weise durchgedreht, denke ich und nicke. Ich bin sprachlos. Tränen vor Lachen und Weinen sammeln sich in meinen Augen. Die Energie dieser Menschen brummt lauter als die Stromgeneratoren. Sie alle sind im Rausch. Hundert nackte Menschen am Strand von Greystones sind vielleicht das Schönste, was ich je gesehen habe.

An einem ihrer freien Abende ruft Marian mich an. Es klingt dringend. »Heute ist Vollmond, Ruth«, sagt sie entschlossen. »Hör gut zu. Die Salzlampe, die du von mir hast, hol sie. Du musst den Stecker in Frischhaltefolie wickeln und sie nach draußen stellen. Ich stelle meine auf die Wiese, damit sie geerdet ist, aber euer Terrassentisch ist auch okay.« Mit einem Wink bringe ich die Kinder zum Schweigen. »Hast du mich verstanden?«

»Salzlampe, Frischhaltefolie, Terrassentisch«, wiederhole ich. »Darf ich fragen, warum?«

»Die Lampe absorbiert die negative Energie im Haus. Lässt man sie bei Vollmond draußen, leert sie sich wieder.«

»Also, voll ist sie bestimmt«, sage ich grinsend. Marians Lachen klingt wie eine Glocke. »Ich weiß, dass du mich für verrückt hältst, aber in heidnischer Zeit haben sich die Leute nackt unter den Vollmond gelegt, um seine Energie aufzunehmen. Insbesondere bei Herbstmond.«

»Marian, du bist total durchgeknallt, aber ich liebe dich trotzdem. Ich tu's, aber nur, wenn du mir eines versprichst. Wir legen uns gemeinsam unter den nächsten Herbstmond, denn *das* klingt tatsächlich nach Spaß.«

»Du könntest beim nächsten Herbstmond auch nackt schwimmen gehen«, kichert Marian. »Das klingt mehr wie deine Art Spaß.«

Sorgfältig wickle ich meine Salzlampe in Frischhaltefolie und stelle sie nach draußen. Der Mond ist riesig, ein perfekter Teller. Ich lächle und starre ihn einen glückseligen Augenblick lang an. Ein nacktes Bad unter dem Vollmond. Was für eine wunderbare Idee. Ich will Michelle und Aifric, meinem Schwimmclub der traurigen Heldinnen, davon erzählen. Lasst uns ein Bad im Mondschein nehmen und unsere Seelen erleichtern.

Bedrohte Leben haben die Form eines gestressten Pandabären. An einem grausam schrecklichen Tag entgleitet mir jeder Gedanke an Vollmondbäder. Ich bekomme einen Telefonanruf aus dem Krankenhaus. Marian hatte einen Autounfall und ist verletzt.

Strandglas

Wir führen ein fragmentarisches Leben, so ist es nun einmal. Für mich haben kreisende Uhrzeiger wenig Bedeutung. Ob Tage, Monate oder Augenblicke, Zeitfragmente bewegen sich ausschließlich zwischen gut und schlecht. Nie wage ich über einen leisen Verdacht hinaus Mutmaßungen anzustellen, wie es weitergeht.

Sadie steht vor unserem Hochzeitsfoto und weint herzzerreißend. »Warum war ich nicht auf der Hochzeit?«, schluchzt sie. »Warum kann Dadda nicht laufen und nicht reden? Ist er krank? Geht es Dadda gut? Bleibt er für immer da?« O nein, da wären wir also, heule ich innerlich auf. Ich hatte mich gefragt, ob dieser Tag kommen würde. »Warum kann er nicht wieder der alte Dadda sein, der läuft und redet? War das nur früher so?« Fest nehme ich ihren kleinen Körper in den Arm. Während ich ihrem nassen Gesicht Trost zuflüstere, wünschte ich, besser vorbereitet zu sein. In solchen Augenblicken gerinnen Worte schnell zu abgedroschenen Floskeln. »Im Herzen ist er der Gleiche, und er hat dich so lieb«, biete ich an. »Warum kann dann der alte Dadda nicht aus seinem Herzen herauskommen?«, fragt sie und walzt meine Worthülsen platt. Kleinkinderlogik hat noch jede Disney-Plattitüde dahingerafft.

Auf der Hochzeit einer Freundin war ich Brautjungfer. Beim Junggesellinnenabschied verbrachten wir viele fröhliche Stunden in einem Café mit Keramikwerkstatt. Ich bemalte einen Teller für Simon, der von meinem Lieblingszitat aus *Pu der Bär* inspiriert war. An einem windigen Tag sitzt Ferkel zitternd da. *»Angenommen, ein Baum fällt um, Pu, wenn wir direkt darunter stehen?«* »Angenommen, er fällt nicht um«, sagte Pu nach sorgfältigem Nachdenken. Auf meinem Teller halten sich die Silhouetten von Pu und Ferkel an den Händen, umgeben von verwischten orangefarbenen und gelben Klecksen. Um ihre Füße herum stehen die Worte: »Angenommen, er fällt nicht um.« Der Teller hat uns von einem Zuhause zum nächsten begleitet und hält jetzt Wache über den Stockbetten der Jungs.

Marian hatte einen Autounfall und ist in der Notaufnahme. Als man mich anruft, bin ich wie betäubt. Mein Kopf kommandiert mir, aufzustehen und zu ihr zu fahren, weil ich nicht bloß zu Hause herumsitzen kann. Krampfhaft überlege ich, was Marian gerne mag. Ich schnappe mir schöne Bücher von den Regalen und rase zu Tesco, um eine Portion heiße Hähnchenflügel zu besorgen. Marian liebt scharf gewürzte Hähnchenflügel.

»Ich wünschte, er wäre der Dadda von früher. Er ist halt ein anderer Dadda geworden, weil jetzt nicht mehr früher ist«, schlussfolgert Sadie. »Wie lange dauert es, bis wieder früher ist?« Ich trage mein schönes Mädchen ins Bett und streiche ihr über das Haar. »Man darf auch mal traurig sein, jeder ist mal traurig. Ich werde dich immer lieb haben, Sadie«, flüstere ich besänftigend in ihre Locken. »Alle hier in der Stadt haben mich lieb«, gähnt sie, während ihr die Augenlider auf dem Kissen schwer werden. »Das stimmt, Sadie, alle in der Stadt haben dich lieb«, schmunzle ich. »Ich will nicht größer werden, weil mein Schlafanzug immer noch ganz klein ist«, murmelt sie und fällt in jenen Tiefschlaf seelischer Erschöpfung. An ihren Wimpern hängen noch die Tränen. Neben ihr schnarcht Hunter und träumt von Hunden.

Die Notaufnahme ist ein schrecklicher Höllenort, ich kenne ihn so gut. Stöhnen und Schreie vermischen sich mit den Schrappgeräuschen der ständig hin und her geschobenen Vorhänge zwischen den Betten. Das überarbeitete Krankenhauspersonal läuft umher. Sie wirken wie gestresste Klempner, die verzweifelt undichte Stellen flicken. Das hier ist kein Krankenhaus, wir befinden uns im Fegefeuer, im Wartebereich zwischen den Welten. Mit Simon habe ich Tage hier drin verloren. In diesem hell erleuchteten Land hat Zeit keinerlei Bedeutung. Es gibt keine Fenster. Unter den langen Leuchtstoffröhren lauern gewaltige Kopfschmerzen.

Fachkundig schlängle ich mich auf der Suche nach Marian zwischen den Betten hindurch. Das Bewusstsein, dass ich mich so leicht durch diesen Ort finde, macht mich traurig. Viele der Pfleger und Angestellten nicken mir zu, weil sie mich kennen. Ein beträchtlicher Teil von ihnen war schon bei mir zu Hause. Sie kennen die Farben der Unterhosen auf der Wäscheleine in der Küche. Wahrscheinlich könnten sie genauestens Auskunft über die Muster auf all meinen Schlafanzügen geben.

Unerwartet stoße ich auf ihre Familie, die erschrocken um ein Bett herumsteht. Den Körper darin erkenne ich nicht. Marians Gesicht ist blutunterlaufen und aufgedunsen. An ihrer kleinen Gestalt hängt eine Rückenorthese, und sie stöhnt vor Schmerzen. »Ich hab dir Hähnchenflügel mitgebracht«, sage ich stockend und halte sie wie ein Idiot in die Höhe. Die Vorstellung, dass Marian Bücher liest oder Hähnchenflügel isst, wirkt nun völlig schwachsinnig. Höflich nimmt ihr Mann das Hühnchen entgegen. »Sie sind noch einigermaßen warm«, füge ich hoffnungsvoll hinzu. Sein Lächeln ist dankbar, als habe er nie von etwas anderem geträumt als diesen kalt werdenden, verklebten Hühnerflügeln. In diesem Moment, es ist unsere erste Begegnung, weiß ich, dass er ein guter Mensch ist. Ich stammle Blödsinn, stelle meinen Lesestoff ab und mache mich mit dem Gefühl, ganz und gar unnütz zu sein, wieder auf den Weg. Mir wird bewusst, dass unsere Freunde genauso empfunden haben, als Simon krank wurde, und sie von hier flohen. Verdammt, es fühlt sich scheiße an.

Nach drei Wochen im Purgatorium schickt man Marian mit einem gebrochenen Wirbel nach Hause. Ich besuche sie in Wicklow und bringe diesmal Kuchen mit. Eine gebrochene Frau, die kaum in der Lage ist zu gehen, öffnet mir die Tür. Ich bin entsetzt, dass sie überhaupt an die Tür gekommen ist. Sie schlurft zurück in die Küche und besteht darauf, Tee zu kochen. Sie schafft es nicht einmal, den Wasserkessel hochzuheben. Schwarze Schmerzwolken legen sich über ihre Augen. Ihre Leichtigkeit ist fort. Sie zwingt sich zu einem Lächeln, an dem ich ablese, dass das Leben dieses Engels die Hölle ist.

»Ach, Ruth, es war so brutal.« Sie erschaudert, als sie von dem Unfall erzählt. Mit beiden Händen bedeckt sie das Gesicht wie ein verängstigtes Kind. An einer Einfahrt fuhr ein Auto zu schnell auf die Autobahn, und sie machte einen Schlenker, um ihm auszuweichen. Ihr Auto prallte gegen die Leitplanken am Mittelstreifen und überschlug sich drei Mal. Kurz zuvor hatte sie den Sitzgurt gelöst, um nach etwas zu greifen, und so wurde sie wie eine Stoffpuppe aus dem Auto geschleudert. Verletzt landete ihr Körper auf der Fahrbahn.

Marians Auto gleicht der Reisetasche von Mary Poppins. Von Toilettenpapier und übrig gebliebenen Teebeuteln über Glühbirnen und Badezimmerlampen mit Bewegungssensor bis hin zu Kartons mit Schokoladen-Frühstücksflocken schafft Marian alles, was im Haushalt fehlen mag, aus dem Auto herbei. Mich würde nicht wundern, wenn sich dort auch Kleiderständer und Lampenschirme mit Fransen fänden. All diese Dinge wurden mit ihr auf die Straße geschleudert, auch die hübsche rosa Strickjacke, die sie für Sadie strickte. »Du warst doch bestimmt bewusstlos«, sage ich hoffnungsvoll. Nein, sie war die ganze Zeit bei Bewusstsein. Sie lag auf der Straße, und einer ihrer ersten Gedanken war: Wer kümmert sich jetzt um Simon? Als der Krankenwagen auftauchte, schrie sie, dass sie das Strickzeug für Sadie von der Straße räumen sollten.

»Ich gehe nirgendwohin«, hat mir Marian einmal versprochen. Beim Gedanken daran treten mir Tränen in die Augen. Marian wird vielleicht nie mehr in der Lage sein, als Pflegerin zu arbeiten. Auf ihrem wertvollen Klavier im Wohnzimmer stapeln sich Bücher und Zeitungen, weil sie nicht mehr spielen kann. »Ich gehe nirgendwohin«, will auch ich ihr versprechen, aber mir fehlen die Worte. Ein Leben in Fragmenten, mit Pflegern und Beatmungsgeräten, bedeutet, dass ich nichts je versprechen kann. Das Morgen existiert noch nicht, und Versprechen werden mich nicht halten können.

Ich fahre zurück nach Hause, wo meine Kinder sich gegenseitig verdreschen. »Es ist was Schlimmes passiert«, sagt Arden Unheil verheißend. Wir gehen ins Schlafzimmer. In schuldbewusstem Schweigen vereint stehen dort drei Jungen. Mein Pu-der-Bär-Teller liegt zerbrochen am Boden. Ein irrläufiger Schuh hat ihn erwischt und heruntergeworfen. Der Teller ist zerbrochen, und urplötzlich zerbreche auch ich. Ich knie am Boden, Tränen ergießen sich über die Keramiksplitter. Warum weine ich? Es ist doch bloß ein Gegenstand, halte ich mir vor. Unter Tränen versuche ich, die Teile zusammenzukleben, aber vor meinen Augen verschwimmt alles. Die gelben und orangefarbenen Wirbelmuster sind zu sehr gesprungen. Ich kann sie nicht mehr richtig zusammenkleben. Alles zerfällt. Ich fühle mich so lädiert, geklebt, abgeschlagen – ich bin nicht mehr die Alte. »Angenommen, er fällt nicht um?« Ach, Pu, halt den Mund und scher dich fort mit Disney. Er ist verdammt noch mal umgefallen, da gibt's nichts zu mutmaßen. Erschöpft hänge ich den ramponierten Teller wieder auf. Er hält sich unsicher an der Wand, aber er fällt nicht herunter.

Wir fahren zur Bucht, und die Kinder rennen herum. Seit dem Vorfall mit dem Teller ist Arden schweigsam. Wütende Worte wurden gewechselt. Niedergeschlagen sitze ich auf einem Stein und blicke aufs Wasser. Das Meer wirkt rau und Respekt einflößend. Ich schaudere, mir ist nicht nach Schwimmen zumute. Es werden andere Pfleger kommen und unser Zuhause aufs Neue umgestalten. Ich vermisse Marian so sehr. Niemand wird das verstehen. Ich starre auf die riesigen Wellen und wische die Tränen weg, damit die Kinder sie nicht sehen. Selbst die Menschen, die uns am nächsten stehen, führen ihr eigenes Leben. Sie können sich in Hobbys und auf Reisen flüchten, sie haben Partner, mit denen sie sich die Aufgaben teilen, einen Alltag, der uns nicht mit einschließt. Ich sehne mich nach diesen Fluchten. Unser Alltag – das sind wir, und das Leben mit uns ist anstrengend.

Allein läuft Arden am Ufer entlang. Er ist mein zäher Strandgutsammler mit dem Herzen eines Cowboys. Echte Cowboys stehen abseits, entziehen sich gerade so dem Zugriff. Manche Fragmente halten noch Freude bereit. Ich muss an die Zaubertaschen an Simons Schlafanzug denken. Wir stecken Süßigkeiten hinein, die von kleinen Händen entdeckt werden. Fünf Kinder liegen mit ihm im Bett und schauen sich *Britain's Got Talent* an, amüsieren sich über Hunde auf der Bühne und kühne Tricks. Diese Fragmente sind Steine, die schwer in meiner Tasche wiegen. Der Schmerz heute hat eine zu massive Gestalt.

Die Trauer liegt tief, tiefer als die Haut und die Venen, tiefer als der Tod. Die Uhrzeiger, die sich endlos im Kreis drehen, überfordern mich. Das Meer ist so rau, dass es Schmerzen verursachen könnte, also atme ich die salzige Luft ein und fixiere die Felsen. Von hinten nähert sich Arden. Ohne ein Wort drückt er mir etwas in die Hand. Überrascht blicke ich nach unten. Drei wunderschöne Stücke Strandglas glitzern auf meiner Handfläche. Verschmitzt grinst er. »Heißt das, wir sind wieder Freunde?«, sage ich schluckend und weine jetzt ganz unverhohlen. »Ja!«, ruft er in den Wind und läuft schon weiter.

Ich lächle, und meine Seele steigt über dem Meer auf. Ein Cowboy bricht dir immer das Herz. Bei den Cowboys kannst du dir immerhin eines ordentlichen, sauberen Bruchs sicher sein. Mein Herz ist zu Strandglas zerbrochen, ich bin gerettet. Ich halte mich an meinen neuen Fragmenten fest, die funkeln wie Diamanten.

Weihnachten

Mit ALS werden Meilensteine zu beschwerlichen Hindernissen. Verstört schleppen wir uns auf unwegsamen Straßen voran. Die regelmäßig auftauchenden Meilensteine bringen uns ordentlich ins Schwitzen. Zu diesen schweren Klippen gehören Geburtstage und Weihnachten. Man kann sie nicht ignorieren, aber sie sind zu unhandlich, um sie mitzuschleppen.

All die Jahre mit der ALS haben wir uns mit Weihnachten abgemüht. Simon und ich kommen beide aus Familien, die von Weihnachten besessen sind, und sehnen uns schon das ganze Jahr nach den Festtagen. Von Anfang an teilten wir sie exakt untereinander auf wie Junkies.

Vermutlich ist es weitaus cooler, Weihnachten als existenzialistisches Ablenkungsmanöver abzutun. Zyniker argumentieren, dass Weihnachten nur ein farbenfroher Versuch sei, der Tatsache, dass wir alle sterben müssen, nicht ins Auge zu sehen. Bringt sie mit einer Wham!-Melodie zum Schweigen, okay? Holt die geliebte CD mit den Weihnachtshits heraus. Beim Küssen unterm Mistelzweig, in unseren neuen Weihnachtspullovern, sind wir zu sehr abgelenkt, um es überhaupt zu bemerken.

Was Weihnachten angeht, war ich immer der größte Narr. Ich glaube an Wunder. Ich habe so lange an den Weihnachtsmann geglaubt, bis mich meine Mutter in einem schockierenden Alter zur Seite nahm. Ich blieb auch hartnäckig, als mir meine Brüder die versteckten Geschenke zeigten. Immer noch blinzle ich, um zu schauen, ob die Kerzen am Baum regelmäßig verteilt sind, und verliere mich im Strahl von glitzerndem Lametta.

Geburtstagen nähern wir uns an wie einem Schlacht-
feld. An Simons Geburtstagen spielen wir mit verschiedenen Ideen. Es ist ein Glücksspiel, es bleibt nichts übrig, als
abzuwarten. Wir backen dem Mann, der nicht essen kann,
einen Kuchen aus Knetmasse. Die Zwillinge versuchen,
ihn an seiner Stelle zu essen. Was schenkst du einem Mann,
der sich weder bewegen, noch schmecken, noch riechen
kann? Kaffee, Whiskey und DVDs, bitte. Wenn uns wirklich gar nichts einfällt, dann gibt es immer noch Socken.

Weihnachten wurde kompliziert. Die Familien fühlten
sich unwohl dabei, sich zum Essen um den Tisch zu
versammeln. Sie wollten mit besten Absichten alles beim
Alten belassen. Die Mahlzeiten wurden subtil zu Büfetts
umgedeutet, unsere Mienen aber waren angestrengt. Am
schlimmsten schmerzte es zu sehen, wie sehr wir uns von
den lachenden Familienverbänden unserer Geschwister
unterschieden. Ich staunte über die Leichtigkeit anderer
Paare. Selbst am Streiten schienen sie Freude zu haben.

Simons Vierzigsten im September will ich ordentlich an-
gehen. Ich will sein Leben so richtig durchrütteln. Von
Aifric bekomme ich die Adresse eines Künstlers, der mit
ihrer Schwester befreundet ist. Ich streiche die Mauer vor
unserem Schlafzimmerfenster weiß und sage irgendetwas
über deprimierende graue Ziegel. Meine Idee ist, ein
Wandgemälde zu malen, sodass der Mann im Bett einen
verzauberten Ausblick hat. Der Vorschlag unseres neuen
Künstlerfreundes aber ist noch überwältigender. Er trägt
Kunstwerke von Künstlern rund um Dublin zusammen,
die sich im Turnus an der Wand abwechseln sollen, damit
Simons Ausblick sich ständig verändert.

Nachdem wir in der Küche schweigend unsere Crois-
sants vertilgt haben, versammelt sich eine Gruppe an der

Schlafzimmertür. Wir ziehen den Vorhang zurück und legen den Blick auf Micks wunderschöne Holzskulptur frei, die die beiden Hauptpersonen aus Simons Film darstellt. Eine Reihe Kinder mit Wunderkerzen marschiert am Fenster vorbei und winkt und lächelt. Es gibt ein paar technische Pannen beim Sound, weil Hunter dauernd auf die Tasten des CD-Spielers drückt. Wenn man mit Kindern arbeitet, muss man mit Pannen rechnen.

Draußen vor dem Fenster ist die Kunst in Bewegung, zügig und schnell. Aifric, die ein Baby auf der Hüfte trägt, reicht sie weiter an Simons Schwager, der jedes der Kunstwerke aufstellt. Begleitet von zahllosen Ahs und Ohs lese ich den Namen jedes Künstlers vor. Aifrics Mann Phil hat ein großes Porträt unserer fünf Kinder gemalt, die auf einer Wiese sitzen und auf ein verzaubertes Wolkenschloss im Himmel deuten. An dieser Stelle treten dem Geburtstagskind Tränen in die Augen.

Es ist unser größter Geburtstagserfolg, und nach zehn Minuten ist alles vorbei. Simon bricht mit den Pflegern zum Set auf, er ist nicht länger der Mann im Bett. Der Filmregisseur braucht keine neue Aussicht. Er schafft sich seine eigene.

»GIBT ES HIER NIEMANDEN, DER WEIß, WORUM ES BEI WEIHNACHTEN EIGENTLICH GEHT?«, brüllte Charlie Brown 1960 in seinem Weihnachtsfilm. Sein Freund Linus – der mit der Schmusedecke – hielt eine Rede über das Jesuskind und den König der Könige. Aber es war nicht die Antwort, die ich brauchte. Es geht mir zu Herzen, wie Charlie diesen Satz in einem Moment voller Seelenpein brüllt. Seelenpein an Weihnachten war mir nie verständlich, bis die weihnachtliche Schmusedecke unter uns weggezogen wurde.

Seelenpein – das ist ein Luftzug, in dem du frierend und zitternd stehst.

Dieser Tage sind unsere Weihnachtsgeschenke schlecht verpackt. Der Pflegedienstplan ist voller Löcher. Wir brauchen viel zu viel Tesafilm. An den Feiertagen kommen Pfleger, die Simon nicht kennen. Oft geht ihnen die gewisse Leuchtkraft ab, wie Weihnachtsgeister, die sich verlaufen haben. In der Weihnachtszeit pendeln sie von einem Job zum nächsten und übernachten in einsamen Wohnheimen. Die Feststellung, dass viele von ihnen ziemliche Spinner sind, mag hart klingen.

Ein starres Zimmervermieter-Lächeln auf unseren Gesichtern empfängt die weihnachtlichen Pfleger. Manche davon sind schlecht, und du willst sie geradewegs zur Tür hinausjagen. Dienstplan? Es gibt keinen Dienstplan. Der Januar sieht aus wie ein Schweizer Käse. Ich wäre besser dran, wenn ich mich an die Straßenecke stellen würde. HEY, du da! Du schaust nett aus! Komm mit und gesell dich zu uns!

Es schmerzt, so zu leben. Aber ist das nicht einfach nur furchtbar langweilig? Der Schmerz ist mittlerweile nur mehr langweilig. Als ich nach Hause komme, hat eine neue Pflegeassistentin meinen gesamten Kleiderschrank ausgeräumt und alles aufs Bett gelegt, um Ordnung zu schaffen. Ich bin eine schlampige Frau. Sie schüttelt die Kleider auf und legt sie ordentlicher und hübscher wieder zusammen. Ihr Lächeln ist sanft. Ich bin entsetzt, verletzt, dann lache ich, weil es so absurd ist. So absurd, dass ich es ihr noch nicht einmal übel nehmen kann. Außerdem ist es um vieles ordentlicher.

An Simons Geburtstagen bin ich zum Kampf gerüstet. An meinen eigenen gehe ich in Deckung. Immer kaufen mir die Leute Pflanzen. Das Herz wird mir bleischwer, wenn ich daran denke, dass diese Pflanzen ohne Marian dem Untergang geweiht sind. Die Familie hilft Simon beim Kauf und Verpacken meiner Geschenke. In der Handschrift eines anderen und so akkurat verpackt machen sie mir keine Freude. Seine Familie meint es gut, aber es tut weh. Ich stopfe mein Herz in die Stiefel und schnüre sie fest zu. Wenn es so sein muss, dann verzichte ich lieber ganz auf Geschenke. Vielleicht ist es kindisch, aber es erinnert mich zu sehr an all das, was mein Mann nicht vermag. Ich will keine Geschenke, die durch lauter fremde Hände gegangen sind. Ich will gar nichts. Ich bin keine Märtyrerin, im Gegenteil, ich bin ziemlich anspruchsvoll, denn ich will nichts als Liebe.

Eigentlich hätten wir längst zum missgünstigen, krummen, anarchischen weihnachtshassenden Monster-Grinch werden müssen. Trotz allem aber kriegt mich diese Jahreszeit immer noch dran. Dabei bin ich nicht einmal religiös. Aber ich glaube noch an Wunder. Wie das nach allem, was uns passiert ist, möglich ist, weiß ich nicht. Beim jährlichen Weihnachtsgottesdienst in der Schule kommt mir der Gedanke, dass es vielleicht von all dem gemeinsamen Gesinge herrührt.

Die Weihnachtszeit mit kranken Kindern, fehlenden Pflegern und weihnachtlichen Reklamebotschaften im Radio, die in mir das Bedürfnis hervorrufen, etwas kaputt zu machen, beschwört komatöse Verwirrtheit bei mir herauf. Wie so viele Sorgen türmt sich die Aussicht auf Weihnachten höher auf als die Wirklichkeit.

Ist der Weihnachtstag endlich da, ist so viel los. Es gelingt uns, Simon unbeschadet zu seiner Familie zu schaffen. Die Jungen und ich bauen eine Spielzeugeisenbahn auf, die die komplette Diele ausfüllt. Jack, Raife und Arden laufen mit den falschen Schnurrbärten und Laserpistolen herum, die im Weihnachtsstrumpf waren. Fröhlich jagen sie einander durchs Haus. Wann immer ich ihm begegne, trägt Raife einen anderen Bart.

Sadie rast durch die Diele und brüllt: »HEUTE IST DAS BESTE WEIHNACHTEN ALLER ZEITEN!!!« Ich muss lachen, denn ich weiß, dass meine Bemühungen dieses Lob nicht verdienen. Es ist ihr eigener Enthusiasmus, der diese Worte hervorbringt. Ihre Mutter könnte ein katatonischer, fleischfressender Zombie sein, sie würde es trotzdem rufen.

An den Feiertagen tauche ich ins Meer ein, das so kalt ist, dass meine Hände noch eine Stunde später zittern. Raife und ich gehen einkaufen. Beim Bezahlen mit der Karte muss er helfen, weil meine Finger nicht in der Lage sind, die Tasten zu drücken. Die wie verrückt bebende Faust kann noch nicht einmal die Karte festhalten. Glucksend halten wir uns die Bäuche wie aufgekratzte Kinder. Der humorlose Kerl hinter der Kasse sieht uns etwas ratlos an. »Ist Ihnen kalt, oder was?«, fragt er. Vielleicht liegt es an meinen blauen Lippen.

Manche Dinge ändern sich nie. Für mich ist seit jeher der schönste Augenblick an Weihnachten: das Ende des Tages, wenn der Glanz nachlässt. Die vom Alkohol angeregte Familie fällt zurück in die Rollen und Stereotypen, die sie schon ihr Leben lang pflegen. Ich tauche ein in die üblichen geschwisterlichen Streitigkeiten. Es herrscht der immergleiche unausgesprochene Unmut. Chaotische mitternächtliche Scharaden enden in alten Auseinandersetzungen und kindischem Ärger.

Die Erkenntnis, dass das perfekte Leben unserer Geschwister nicht ausschließlich glücklich ist, wird von

Schellengeläut begleitet. Die voneinander gestressten Ehepaare keifen sich an. »Hörst du mir überhaupt zu?« Ich liebe sie alle so sehr. In diesem Strudel ohne Pfleger und endloser im Schlafanzug verbrachter Tage denke ich, dass es vielleicht eine nette Sache wäre, mal ein mäßig unglückliches, normales, gestresstes und keifendes Leben auszuprobieren, nur für ein paar Wochen. Dann aber versenke ich mich in einem richtig guten Kriminalroman und höre auf, allzu viel nachzudenken.

An meinem Geburtstag kommen Phil und Aifric zu Besuch, nachdem Simon ins Bett gegangen ist. Phils Name muss immer zuerst genannt werden, um zu vermeiden, dass die beiden phonetisch zu »African Phil« verschmelzen. Wir trinken gemeinsam Wein, bis Phil, stets der perfekte Gentleman, sich mit einer Verbeugung verabschiedet und uns dem Mädchengeplauder überlässt. Bei Kerzenschein und Rotwein schwelgen wir auf eine Weise in Erinnerungen, die nur möglich ist, wenn man seit dem dritten Lebensjahr befreundet ist. Wir teilen einen Raum voll ungezwungener Leichtigkeit und eine tiefe Dankbarkeit für die Gesellschaft des anderen. Wir lachen, weinen und flüstern, wie es nur Frauen vermögen.

Um fünf Uhr morgens bricht Aifric schließlich auf. »In der Schule warst du immer so cool und unnahbar«, beteuert sie. »So, als bräuchtest du niemanden. Das hat dich zu einer so begehrenswerten Freundin gemacht.« Vielleicht bin ich tatsächlich eine Wölfin, sinniere ich. Die Unnahbarkeit kaschierte nur das Mädchen, das geradezu qualvoll schüchtern war. Die Geburtstagsmärtyrerin hat all die Liebe bekommen, die sie nur braucht. Ich bin betrunken. Gepriesen sei meine Freundin, mein Wunschbrunnen.

Wieder ist ein Weihnachten vorbei, und die Christbaumkugeln hängen schwer herab, als die Äste langsam absacken. Mit geräuschvoller, befriedigender Endgültigkeit saugt der Staubsauger die herabgefallenen Nadeln ein. Das Gewicht eines weiteren Meilensteins ist uns von den Schultern genommen. Sadie stürmt schielend vor Müdigkeit in die Küche und röhrt: »GIB MIR WAS ZU ESSEN, SONST IST WEIHNACHTEN VERDORBEN.« Ach, du launenhafte Maid. Ich lache, mehr als das beste Weihnachten aller Zeiten.

Bett

I ch glaube, ich bin verliebt«, sagt Raife nüchtern. »In der Schule ist ein Mädchen, der ich ständig in die Arme laufe.«

»Fühlt es sich an, als plumpst dir das Herz in den Bauch, wenn du sie anschaust?«, fragt Jack.

»JA!«, schreit Raife. »Woher weißt DU denn das, Jack?«

»Ach, in Frankreich am Pool war ein Mädchen«, seufzt Jack. »Ich hab nie mit ihr geredet, sondern sie nur von Weitem angeschaut.«

Viele Jahre bevor Simon und ich uns das erste Mal küssten, bin ich auf einer Studentenfete eingeschlafen. Betrunken landete ich auf dem nächstbesten freien Bett. Als ich morgens aufwachte, bekam ich einen Schreck. Direkt vor meinem Gesicht befand sich ein Männergesicht, und es handelte sich nicht um meinen Freund. Unsere Nasen berührten sich fast. Simon hatte sich in die Lücke zwischen mir und der Wand gezwängt und neben mir geschlafen. Später berief er sich auf trunkene Unschuld. Noch bevor er aufwachte, floh ich. Ich hatte keine Wahl. Mein Herz plumpste mir fortwährend in den Bauch. Er war mir absichtlich in die Arme gelaufen. Wochenlang verfolgte mich sein schönes Gesicht.

Wölfe binden sich fürs Leben. Wir können uns nicht mehr aneinander festhalten und unsere Glieder umeinander schlingen. Wenn Maschinen, Luftmatratzen und Schläuche einen verfälschenden Abstand herstellen, wie gelingt es einem dann, die wölfische Verbundenheit zu bewahren? Flüsternd flehe ich um eine Antwort.

Als wir zurück nach Greystones zogen, wurde unser Ehebett eine Klinikvorrichtung. Es gab eine Vielzahl von Neigungsmöglichkeiten und Stützfunktionen. Wir sind zwei Achtzigjährige in den Dreißigern, mit einem Bett, das das Fernsehen vereinfacht. Setz dich auf. Lehn dich zurück. Heb die Beine an. In den ersten Monaten stank unsere Matratze wie ein Plastikaschenbecher. Der vorangegangene Nutzer war ein starker Raucher gewesen. Er starb und hinterließ eine Fährte. Auf Simons Bettseite war schon bald eine besondere elektrisch verstellbare Luftmatratze notwendig. In einer romantischen Geste kaufte er mir eine ausgeklügelte doppellagige Federkernmatratze für meine Hälfte, einschließlich gestepptem Matratzenschoner. Lebe wohl, kalter und glatter Schaumstoff. Ich musste nicht länger auf dem Zigarettengestank des toten Mannes schlafen.

Nun liege ich auf meiner gut gepolsterten Matratze, in einem angenehmen Neigungswinkel, mit rastlos pulsierenden Gliedmaßen. Meine Füße fühlen sich riesig und geschwollen an. Um mich herum brummen Motoren wie Maschinengewehre. In meinen Traum sickern Fernsehgeräusche. Dieses Schlafzimmer ist ein sensorischer Angriff aus Geräuschen, Licht und Gerätschaften. Ich bin im Halbschlaf gefangen. Immer wieder cremt Benedict Simon ein, ich rieche die Salbe. Er massiert Glieder, und ich werde von einem kleinen Erdbeben heimgesucht.

Ich stecke den Kopf unter die Decke, und plötzlich macht mein Hirn merkwürdige Sachen. In einer verzweifelten Endlosschleife beginnt es, das Vaterunser zu skandieren. Hirn, warum verfällst du in dieses Mantra? Als kleines Mädchen fand ich Trost darin, mich vor selbst gebastelten katholischen Altären hinzuknien. Ich schmückte sie mit reich bestickten Tischdecken, Figuren und Eierbechervasen mit Glockenblumen und Schneeglöckchen.

Was war ich doch für ein braves Kind. Vielleicht sehne ich mich ja immer noch danach, brav zu sein. Wahrscheinlicher aber ist, dass ich einfach nur verzweifelt bin.

Ich nehme das Im-Auto-Sitzen wieder auf. Im Kindersitz schläft Hunter, eine nackte Plastikpuppe im Arm. Sadie schnarcht. Ich wünschte, ich könnte einschlafen und mit frischer Kraft aufwachen, aber so weit kommt es nie. Wie gern würde ich einen ganzen Monat lang schlafen, einen Monat lang allein sein, weggehen und nur für mich sein, um nachzudenken und Tee zu trinken, der Uhr beim Ticken zuzuhören und meine Glieder auf einem friedlichen Bett auszuruhen. Ich aber habe nichts als diese trüben Augenblicke im Auto, und sie genügen nie, um mich danach erfrischt zu fühlen.

Als meine Mutter ein kleines Mädchen war, schlief sie auf einer Picknickdecke auf einer Wiese ein. Als sie aufwachte, hatte sie hartnäckige Schmerzen im Ohr. Anfangs war der Schmerz noch dumpf, doch er wurde immer schlimmer, bis sie es nicht länger aushalten konnte. Schließlich nahm ihr Vater eine Pinzette und zog einen dicken, fetten Ohrenkriecher heraus. Das riesige Viech hatte es sich in der warmen, wächsernen Nische gemütlich gemacht und seine Zangen um das Innenohr gelegt.

»Erzähl uns die Geschichte von dem Ohrenkriecher!«, baten wir Kinder unsere Mutter. »Bitte!« Es war unsere absolute Lieblingsgeschichte. Wir Erwachsene haben alle ohne Ausnahme krankhafte Panik vor Ohrenkriechern, Zangen am Hinterleib und derlei. Es ist jene Angst, die selbst den rationalsten Geist ins Schwitzen bringt.

Der Strand von Annagassan im County Louth ist weit und eben. Bei Ebbe ist der kilometerlange weiche Sand ein perfektes Gelände für galoppierende Pferde. Als Kind bin ich bei einer Freundin zu Besuch, deren Mutter Pferde hält. Wir dürfen in den Wasserpfützen spielen, während sie auf das blaue Meer am Horizont zusprengt.

Unsere Stiefel sinken ein, bis wir plötzlich von Treibsand umgeben sind. Lachend und jauchzend stellen wir fest, dass wir feststecken. Eine Attacke des gefürchteten Sandmonsters. Wir sind tollkühne Helden in einem großartigen Abenteuer. Immer noch lachend sucht unser Blick den Horizont hektisch nach der Silhouette auf dem Pferd ab.

Die Zeit scheint stehen zu bleiben. Was, wenn sie nicht zurückkommt? Wie lange können wir durchhalten? Die Gummistiefel werden eingesaugt, der Sand reicht hinauf bis zu den Knien. Unsere Hände verschwinden bis zu den Ellbogen, als wir nach vorne fallen. Wir hören auf zu lachen. Wir werden ganz still.

Auf dem Pferderücken kehrt unsere Retterin zurück. Sie trifft auf zwei zur Hälfte eingesunkene kleine Mädchen, deren Beine immer weiter auseinanderdriften. Wir liegen mit dem Gesicht nach unten da, bis auf die Haut durchnässt. Wie Korken zieht uns die Mutter heraus. In der Unterwäsche bibbernd, kauern wir unter einer Decke auf dem Rücksitz und kichern auf der gesamten Heimfahrt.

Bei der Arbeit fürs Radio lernte ich, aufmerksam hinzuhören. Meine Ohren und mein Gemüt reagieren extrem sensibel auf Musik. Wenn ein Lied meiner Stimmung nicht entspricht, verlasse ich beinahe panisch den Raum. Vielleicht schmerzt mich deshalb das Surren, Glucksen und Schnaufen der elektrischen Geräte so sehr. Zudem bin ich ausgesprochen stur. Versinken meine Füße im Sand, dann bleibe ich gewöhnlich stoisch stehen. Diesmal ist mir bewusst, dass ich auf kein Pferd am Horizont hoffen kann. Das macht es so viel schwerer, tapfer zu sein.

Unser Ehebett verletzt meine Seele. Das war nicht von Anfang an offensichtlich. Wie ein ekliger Ohrenkriecher schlich sich der Schmerz in die warmen Nischen meiner Ohren. Erst als er sich tief hineinwühlte, bemerkte ich sein Kneifen. Der Schmerz ist dumpf, er wächst und wächst, bis er eines Tages ein ungeheures Ausmaß erreicht hat. Ich bin erschöpft. In den sechs Jahren ist das Kneifen im Ohr unerträglich geworden. Ich entschließe mich zum Undenkbaren und ziehe aus unserem Bett aus.

Monatelang wandere ich nachts durchs Haus. Ich schlafe auf Sofas und klettere zu den Kindern ins Bett, zigeunere von einem Bett zum anderen. In den wilden Träumen, die nur die Absicht zu haben scheinen, mich zu quälen, finde ich keinen Trost. Stündlich wache ich auf, zwei Uhr, drei Uhr, vier Uhr. Um fünf gebe ich auf und schlurfe wie ein Mönch durchs Haus. *Die dunkelste Stunde ist jene direkt vor Sonnenaufgang.* Ich koche Tee und starre an Wände. Ich schaue zu, wie die Sonne aufgeht und wie sie den Himmel langsam in Farbe taucht.

Ich habe keine Ahnung, wie ich jemand sein soll, der sein Bett nicht liebt. Meinem Mann habe ich immer gesagt, dass seine Fantasie ihn retten würde. Jetzt quälen mich meine eigenen Träume und treiben mich durch die Nacht. Ich vermisse meine Tagträume und den Trost, den der Schlaf bringt. Ich vermisse die Haut eines Mannes und Wolfsbande und geteilte Betten ohne Wechseldruckfunktionen.

Wölfe bleiben bis ans Lebensende vereint, was aber, wenn der Tod ganz langsam kommt? Wir sind in der Schwebe, wagen zu hoffen, nicht zu hoffen. Ein langsamer, lebendiger Tod auf verschiedenen Ebenen, voller Fehlalarme, ein unmerkliches Dahinschwinden.

Wäre ich eine Meerjungfrau, sänge ich ein einsames Lied hinaus aufs Meer. Ein einzelner, wehklagender Ton im Wind. Ich würde diesen einen Ton so lange halten, bis mir die Luft ausginge. Alles, wessen ich mir sicher war, alle meine Stärken scheinen mich verlassen zu haben. Sie haben sich davongemacht aus einem geräuschvollen Klinikbett, das mittlerweile so sehr an ein leckendes Boot erinnert.

Wie früher starre ich auf wunderliche Formen und sehe Gesichter. Sie springen aus den Holzlatten über meinem Kopf hervor. Ich nehme das leer stehende untere Etagenbett im Kinderzimmer der Jungs in Beschlag, auf dem ein Teddybär und ein Eulenkissen platziert sind. Die Jungs sind vor Aufregung ganz aus dem Häuschen. »Es ist schön, dass du bei uns bist, Momma«, kichern sie und freuen sich wie bei einem Campingausflug. Das liebliche Wiegenlied warmer, rascher kindlicher Atemzüge schaukelt mich in den Schlaf.

Meine Ohren finden Frieden, mein Kopf aber ist zu beschäftigt, um zu schlafen. Ich habe mein Bestes gegeben, dennoch ist ein tiefes Band zerschnitten. Simon schläft allein, ein Pfleger lauscht dem Babyfon. Alle zwanzig Minuten kommt jemand, um nach ihm zu sehen. Ich liebe ihn. Aber ich betrachte ihn nur mehr aus der Ferne. Die Stille ist ohrenbetäubend. Immer wieder plumpst mir das Herz in den Bauch. Wir teilen kein Ehebett mehr. Mein Schlaf ist unruhig, und jeden Morgen wache ich auf und ringe um Luft.

Mord

Sadie hopst um Simons Bett und singt mit dröhnender Opernstimme. »Momma, ich will gar keinen Riesendadda, nur einen ganz kleinen. So einen wie meinen.« Dieses Kind fürchtet die neuen Pfleger nicht. Sie klettert in jedes Nest, das sich bietet, ein ungeniertes Kuckucksjunges, das um Liebkosungen buhlt. Wenn sie ein Knie zum Sitzen gefunden hat, lächelt sie possierlich. »Darf ich mit deinem Handy spielen?«, fragt sie und schenkt ihnen ihren niedlichsten Blick mit weit aufgerissenen Augen. Es gibt viele Knie und Handys, aber es gibt nur einen Dadda.

Ich habe in Erwägung gezogen, meinen Mann zu töten. Mich überkommen lüsterne Gefühle, mordlüstern und rätselhaft. Eine Mutter, denke ich, hätte niemals derlei Impulse. Nur eine Ehefrau kann so etwas haben. Als Kind las ich die Bücher von Agatha Christie. Dort vergifteten die Ehefrauen ihre Männer ganz beiläufig und betont leidenschaftslos, nur des Geldes oder eines Titels wegen, für ein Haus oder ein Grundstück. Es war alles ziemlich abgebrüht. Es hatte nichts mit dem schrecklichen Gefühl zu tun, deinem Geliebten dabei zuzusehen, wie er sich quält. Das ist nichts als nacktes, unverfälschtes Leid. Alles in dir schreit: HÖRT AUF DAMIT! DAS MUSS AUFHÖREN! Es ist die Konfusion reiner Liebe.

Als ich die Kunstdarbietung für Simons Geburtstag plane, nehme ich mir vor, dass der Ausblick aus seinem Fenster perfekt wird. Als er am Set ist, lege ich mich auf sein Bett, weil ich herausfinden will, welcher Teil der Mauer am besten zu sehen ist. Ich liege auf der geräuschvollen Luftmatratze und beschließe unwillkürlich, so lange

wie möglich still zu liegen. Unter mir wogen die Wechsel-
druckkammern, und mein seekranker Magen begehrt auf.
Nach dreißig Sekunden brüllt es in mir, dass ich den Kopf
bewegen muss. Die Reichweite meiner Augäpfel, die angestrengt nach links und rechts schweifen, ist so begrenzt.
Weniger als eine Minute halte ich durch, bevor ich aus
dem Bett springe. Ich werde seinen Ausblick nie ganz
nachvollziehen können, weil ich daran zugrunde ginge.

Ich akzeptiere meine lüstern-mordlüsternen Gedanken
als etwas Natürliches. Ich empfinde sogar Stolz dabei,
denn ich wäre niemals in der Lage, meinen Mann zu
töten. Sein Leid ist groß, doch er wünscht sich den Tod
nicht herbei. Ich habe keine Schuldgefühle. Die mörderi-
schen Gedanken bedeuten nichts anderes, als dass ich ihn
wahrlich liebe. Eine Frau kann keinen Anspruch auf ihren
Geliebten erheben, wenn sie nicht auch das Bedürfnis hat,
seine Qualen zu beenden. Es gibt Momente, in denen die
Tränen sein Gesicht in einer Grimasse erstarren lassen
und sich in seinen Augen wilde, elende Pein abzeichnet.
Steckt dich dein Einfühlungsvermögen auch nur für fünf
Sekunden in seine Haut, wirst du den Geschmack kon-
zentrierten Grauens kennenlernen. Selbst ein Herz aus
Stein würde wenigstens einen Augenblick lang über Mord
nachdenken.

Wann immer mich die Liebe an diesen Punkt bringt,
bremsen mich unsere Kinder aus. Sie vergöttern ihn. Sie
laufen zu ihm und legen die Hände auf seinen Körper.
Sein Gesicht glüht wie ein Weihnachtslicht. Die Augen
schimmern, und obwohl so wenig Bewegung übrig ist,
leuchten sie so, dass deutlich wird: Er ist mit sich im
Reinen. Seine Augen nehmen eine besondere Form an.
Sadie tätschelt ihm das Gesicht, Hunter grinst ihm entge-

gen. Jack schmiegt sich an ihn, Raife redet wie üblich, und Arden lehnt wie ein echter Cowboy daneben.

Eines Tages sind Michelle und ich beim Laufen, als sie sich plötzlich vornüber krümmt und stehen bleibt. »Es ist schon okay, alles gut«, murmelt sie, aber sie blutet. Wir schaffen es bis zu ihr nach Hause, und widerstrebend lasse ich sie allein. »Geh heim, Ruth«, beharrt sie, »meine Schwester wird gleich da sein.« Ich muss nach Hause, um die Kinder abzuholen, den Hund zu baden und das Abendessen vorzubereiten. Niemals hätte ich Michelle alleine lassen dürfen. Als ihre Schwester kommt, liegt Michelle auf dem Schlafzimmerboden. Im Krankenhaus diagnostiziert man eine Magenerkrankung und setzt sie auf eine hohe Dosis Steroide. Kommt ein mächtiger Krieger zu Fall, dann geraten wir alle ins Straucheln. Wir können nur abwarten mit unserer Frage an sie, was zum Teufel wir als Nächstes tun sollen.

Der Hund wird krank, und alles wird zu viel. Unser geliebter Basset Pappy hat sich zu einem Mistkerl gewandelt, erkläre ich meinem Mann. Wegen seiner chronischen Hauterkrankung ist er schon eine ganze Weile mürrisch und unleidig. Im Garten hat er etwas Falsches gegessen und ist in eine Art Koma gefallen. Als die Tierärztin ihn an den Tropf hängen wollte, hat er sie angegriffen. »Die nächsten vierundzwanzig Stunden sind entscheidend«, mahnt die Ärztin. »Seine Venen liegen schrecklich tief.« Es gelingt ihnen nicht, den Tropf anzubringen. Verwundert blicke ich den Hund an. Meine eigenen Venen zeichnen sich plump und dick auf den dürren Armen ab, die von Simon aber sind berüchtigt. »Seine Venen liegen schrecklich tief«, sagen die Ärzte bei jedem Klinikaufenthalt, wenn sie ihn mit all den Nadeln versehen. Lieber Gott. Der Hund und Simon teilen sich das Schicksal von Krankheit und schlechter Venen.

Ich renne den Flur auf und ab und warte auf Nachricht über Pappys Schicksal. Unvermittelt überkommt mich die Wut gegen beide. Wie können sie es wagen, so krank zu sein? Vielleicht brauchen wir einen Tod, um diesen ganzen Schmerz freizusetzen. Eine Ruhestätte dafür zu finden. Wenn der Tod kommt, dann soll es so sein. Besser, der Hund kriegt ihn ab. Vielleicht ist Pappy das Opfer, das wir brauchen. Um unseres eigenen Seelenheils willen verkaufen wir seine Hundeseele. Ich bin bereit.

Ich bin keineswegs bereit. Pappy überlebt, und zutiefst erleichtert nehme ich ihn mit nach Hause. Mein knallhartes Geschwätz ist völliger Unsinn. Ich bin genauso wenig bereit für den Tod wie Simon. Pappys Hautkrankheit wird schlimmer. Ich bade ihn öfter als die Kinder. Immerhin versuchen die nicht, mich zu beißen. Er knurrt und faucht jeden an. Mit Sofakissen schütze ich mich, wenn ich ihn auf die Terrasse lasse. Zähnefletschend, das rote Zahnfleisch bloßlegend, stürzt er sich auf mich. Ich habe ernsthaft Angst, und mir stehen die Tränen in den Augen. Er ist ein großer, starker Hund. Eines Tages beißt er Ardens bestem Freund in die Hand, sodass er blutet. Panisch erkläre ich Simon, dass wir ihn wieder zum Tierarzt bringen müssen.

Ich besuche Michelle, die zwar erschöpft, aber nicht gebrochen ist. Sie nimmt die Steroide ein und ist fest entschlossen, eine Rohkost-Diät einzuhalten, um wieder auf die Beine zu kommen. Der Krieger überlässt sich nicht der Rolle des tragischen Helden. In ihren Augen brennt das Feuer. »Bald gehen wir wieder laufen«, brummt sie. Michelle mag ein verrückter Rohkost-Hippie sein, doch für sie gibt es keinen Zweifel. Vielleicht sind wir alle von Illusionen geblendet, eines aber weiß ich sicher: Wir werden laufen.

Die Tierärztin, die Pappy von früheren Besuchen kennt, zeigt sich nicht überrascht. Zur Begrüßung attackiert Pappy sowohl sie als auch die Arzthelferin. Beinahe verletzt er sie. Vielleicht weiß er, was ihm bevorsteht. Sie erklärt, dass sich Bassets manchmal so entwickeln, und in dem Fall kann es nur schlimmer werden. Man kann lernen, Abstand zu halten, um ihnen nicht auf die Nerven zu gehen, in einem Haushalt mit fünf Kindern aber ist das unmöglich. Ein anderes Zuhause wird er mit seiner nicht behandelbaren Hautkrankheit und seiner Aggressivität nicht finden.

Die Bärenmutter tritt zutage. Ich weiß, ich kann Pappy nicht wieder mit nach Hause nehmen. Die Tierärztin hat meine schlimmsten Befürchtungen bestätigt. Jemand wird dran glauben müssen. Mir fehlt der Mut, nach Hause zu fahren und ihn ein andermal wieder herzubringen. Ich brauche die Ärztin, damit sie mich durch diesen schrecklichen Vorgang begleitet. Ich sitze da und halte ihn im Arm, als sie ihn einschläfert. Etwas Schlimmeres habe ich nie zuvor verbrochen, doch ich kann ihn unmöglich wieder unter die Kinder lassen. Simons Vorschlag war, ihn zu seiner Mutter zu geben. Doch ich lade keinen Problemhund bei einer guten Frau ab, die ich liebe und die bereits so viel zu ertragen hat. Niemand außer mir soll mit der Schuld dieser Entscheidung leben müssen. Ich habe den Hund verraten, ich bin diejenige, die mit der Schuld leben wird.

Ich flüstere ihm in sein warmes Fell, als die große blaue Spritze zu wirken beginnt. Sein Atem wird langsamer. Leise verlässt die Ärztin das Zimmer. Ich beweine und streichle ihn und wimmere: »Verzeih mir, Pappy, verzeih … Es tut mir so leid, dass ich dich einen Mistkerl genannt habe.« Dafür gibt es keine Vergebung, aber ich bitte den Hund trotzdem darum, während mir die Tränen herunterlaufen und ihm das Leben entgleitet. Sein Atem stockt, seine Nase aber ist ganz heiß. Die Brust hebt und senkt sich nicht mehr, nichts ergibt einen Sinn. Dann kehrt die Ärztin zurück. »Möchten Sie sein Halsband behalten?«, fragt sie behutsam. Verständnislos blicke ich sie an, denn ich habe nicht die geringste Ahnung.

Benommen und ohne Hund fahre ich nach Hause. »Wo ist Pappy?«, fragt Simon. Ich sage etwas, doch im Schock gerät es viel zu sachlich. »Du hast meinen Hund umgebracht«, wirft er mir vor. »Du hast ihn getötet, ohne mich zu fragen. Wie konntest du nur? Wie konntest du etwas so Schreckliches tun? Wie?« Immer noch mehr niederschmetternde Worte drängen sich auf dem Computerbildschirm. Ich flehe und weine, aber er versteht nicht, dass ich es aus Liebe getan habe. »Du bist krank. Du bist labil«, sagt er, und mir entweicht ein Heulen reiner, nackter Verzweiflung. Weil ich ihn nicht treten kann, trete ich gegen das Bett und schreie und bitte ihn aufzuhören.

Ein trauriges Hundeschicksal kann genügen, um eine Ehe zu zerrütten. Sie wird zum wütenden Blick durch Panzerglas. Wir bewohnen zwei unterschiedliche Welten. Wo lebt mein Mann, und wie lebt es sich dort? Zweifellos ist es auch für ihn ein einsames Dasein. Wie einsam muss seine Welt sein! Vielleicht enden alle Ehen auf diese Weise. Große Liebe wird zu großem Unmut.

Der Tag eignet sich hervorragend zum Schwimmen, aber ich stecke voller Angst und bräuchte jemanden, der mich antreibt. Aifric arbeitet wieder als Architektin und hat nicht mehr so viel Zeit zum Schwimmen. Michelle kämpft noch ihr Gefecht mit den Steroiden. Hinter mir liegt ein Tag voller Tränen, an dem ich jedem Kind einzeln erklärt habe, dass Pappy fort ist. Wir konnten seine Haut nicht heilen, und die Tierärztin musste ihn einschläfern. Am schwersten nimmt es Hunter, mein kleines Wolfsjunges. Ihr erster großer Verlust geht allein auf meine Rechnung. Ich sehe vor mir, wie die Tränen von meinen Fingerspitzen in sein warmes, lebloses Fell rinnen. Ganz allein stehe ich an den Stufen in der Bucht. Die ganze Last des Hundemords steckt mir in den Knochen. Ich glaube nicht, dass mich der Sprung ins Wasser retten kann. Vielleicht gehe ich unter wie ein Stein. Mein Mann hasst mich, nie habe ich mich einsamer gefühlt.

Ferien

Hat Frankreich schon geöffnet?«, lautet drei Monate lang Sadies tägliche Frage. Nein, Liebes, es ist noch geschlossen. Ganz bald aber lassen wir die Ferien von der Leine. Diesmal renne ich wirklich weg, zusammen mit den Kindern und meinem jüngsten Bruder Joe. Auf der Autofähre setzen wir uns nach Frankreich ab, wo wir drei Wochen ohne Simon campen wollen.

Mir ist bewusst, wie sehr wir das alle nötig haben. Seit Pappys Tod schwirrt mir alles, was mit unserem Zuhause zu tun hat, wie Fruchtfliegen, die ich nicht fortscheuchen kann, im Kopf herum. Sie haben sich ins Brot gefressen und lauern auf vergammelten Bananen. Im Haus brummt es wie in einem stinkigen Komposteimer, sodass es unmöglich ist, tief einzuatmen. Ich fühle mich nicht weniger vergammelt. Ich muss etwas finden, irgendwas, das dieses Sirren im Kopf beendet und mich von dem angeknacksten Brustkorb und meinem gebrochenen Herzen ablenkt. O Herr, schenk den Wein ein.

Ich setze die Kinder mit der Pflegerin Anna vor den Fernseher und verdrücke mich an die Bucht. Diesmal kann es unmöglich funktionieren. Ich bin völlig am Ende, außerdem wird die Strömung nicht passen. Doch die Strömung ist genau richtig. Ich lege die Kleider in einem kleinen Haufen auf den Felsen ab. In dem Augenblick, da ich die Luft einatme und meine Füße die Steine berühren, kommt mein Geist zur Ruhe. Die kalte See kann die Fliegen mit einem einzigen Windhauch fortblasen. Nach drei Schwimmzügen weiß ich, dass dem hier wahrer Zauber innewohnt. Die Steine hüten Geheimnisse, die Furcht in meinem Herzen löst sich. Alles ist so verlassen und unwirklich, dass ich mich frage, ob es wahr ist. Zwanzig Minuten später bin ich zu Hause.

Dieser Tage hat die sommerliche Irische See für mich nicht genug Wucht. Anhaltendes Glück, so glaube ich mittlerweile, ist der letzte Schwachsinn. Ein wirklich schönes Leben beinhaltet Leid. Ich kenne dich, alter Kamerad, das Leid und ich sind schon so lange Freunde, was täte ich ohne dich? Das Leben wäre hell und wunderbar, ohne Wolkenformationen. Betäubt und eingelullt in den blauen Himmel würde ich zur gelangweilten, sonnengebräunten Trinkerin. Vorerst tauche ich meine Zehen lieber in kaltes Wasser und springe.

Vielleicht wird das Leben eines Tages nicht mehr so anstrengend sein. Stell dir ruhige Tage an einem See vor, mit einem anspruchslosen Frauenroman. Es gelingt mir nicht recht. Wo befände ich mich, wenn es die dunklen, wütenden Wogen und die Qualen nicht gäbe? Möglicherweise wäre es kein guter Ort.

Simon besteht darauf, Pappy einzuäschern. Ich bekomme ihn verdichtet, in einer mit üppig grünen Blättern bedruckten Papprolle wieder. Noch bin ich nicht bereit, sie den anderen zu zeigen, und ich gerate in Panik. Im Auto schiebe ich sie unter den Beifahrersitz und nehme Pappy mit nach Frankreich. Er war immer ein großer Freund langer Autofahrten.

Der Urlaub ist eine seltsame Sache. Stell dich auf Überraschungen ein. Du erwartest, dass du dich erholst. Du rechnest nicht damit, dass du wie eine Wahnsinnige Hunderte von Meilen auf französischen und spanischen Autobahnen zurücklegst, auf denen ein Tempolimit von einhundertdreißig Stundenkilometern gilt, und du auf jenen sanften Hügeln Frankreichs die Einhundertfünfzig-Kilo-meter-Marke knackst.

Als wir von der Fähre herunterfahren, eiere ich unsicher auf der rechten Fahrbahn und überhole nur schaudernd. Bald aber wird daraus ein: LEGT EUCH BLOß NICHT MIT MIR AN, LEUTE, PLATZ DA! Zweifellos ist jemand hinter mir her. Wer verfolgt mich? Nicht über die Schulter blicken, weil Joe den Spiegel mit der Landkarte verdeckt und dich womöglich ein flotter Renault Clio beim Spurwechsel erwischt. Die Franzosen scheinen den Blinker nicht zu benützen.

Über die Berge kommen wir nach Spanien. Die Grenzen sind offen. Halb hatte ich auf die Bedrohung durch Hunde, Gewehre oder wenigstens Stacheldraht gehofft. Durch die Pyrenäen führen wunderbare Straßen, die auf hohen Stelzen schweben. Schaut, Kinder! Seht euch das an! Die in Büchern versenkten Köpfe heben nicht einmal den Blick, und Onkel Joe schläft.

An der Costa Brava geht es beeindruckend ungezügelt zu. Uns ist alles egal. *De nada* – noch ein Bier, geh mit Schuhen an den Pool, nimm Pommes und eisgekühlten Sangria mit zum Liegestuhl, schubst einander die Wasserrutsche runter, mach einen Rückwärtssalto, wenn du magst – der Bademeister lächelt und kümmert sich nicht weiter.

Ein in ein gigantisches Sonnenkostüm gekleideter Zwerg ist das Maskottchen des Campingplatzes. Die kurz-beinige Sonne tanzt zwischen den groß gewachsenen, erhitzten Mädchen herum und schubst Kinder ins Becken. Egal, *de nada*, wir trinken eine Menge billiges Bier und rauchen heimlich Zigaretten, weil sie fast nichts kosten. Das alles ist ein bisschen ekelhaft, macht Spaß und ist so wohlwollend. Die Spanier scheinen Kinder instinktiv zu lieben. Kellner schieben Stühle zusammen, um den

Zwillingen ein Bett zu bereiten, wenn sie über mitternächtlichen Mahlzeiten einschlafen. Wir essen im Minigolf-Restaurant. Wie der Name nahelegt, ist es das reinste Touristenparadies.

Immer noch ist jemand hinter mir her. Ich kann mich nicht entspannen und finde nachts keinen Schlaf. Den ganzen Tag über beschallen kitschige Liebeslieder den Pool. Lieber Gott, kann jemand bitte etwas Tanzbares und weniger Rührseliges auflegen? Tränen regen sich. Mein Kinn zittert, kann sein, dass ich in meinem sonnengetränkten Bikini zu weinen anfange, während meine Lippen Whitney Houstons Worte begleiten. Hin und wieder bekomme ich eine sachliche E-Mail von Simon, die mit dem Kitsch nicht harmoniert.

Endlich schaltet der Gang auf Entspannung. Wir fahren für einen Tag nach Barcelona. Die Stadt ist ein magischer Ort, also gehen wir ohne Umschweife zu McDonald's. Die Kinder haben Durst. Dann setzen wir uns für zwei Stunden in einen Doppeldeckerbus ohne Verdeck und stecken die Kopfhörer ein. Mit Sonnenstich gehen wir auf Entdeckungsreise und betrachten dieses glorreiche Land. Arden lehnt sich aus dem Bus, verliert seine Mütze und weint lange. In der Sonne wirkt sein Gesicht zerdrückt und verkniffen. Die Zwillinge dämmern weg und wachen schlechtgelaunt und verschwitzt wieder auf. Wir lösen unsere klebrigen Beine von den Sitzen, hinterlassen unvergängliche Poabdrücke, steigen aus dem Bus und zerren kurze Beine für die Rückfahrt zum Zug.

Es gibt ein Erlebnisbad mit Wasserrutschen. Jack bettelt darum, mit Onkel Joe den freien Fall auszuprobieren, und mir ist zum Kotzen zumute vor mütterlicher Sorge. Wir winken den fernen Punkten zu, ehe sie sich gemeinsam von hoch oben hinunterstürzen. Jack überlebt und gackert breit grinsend. Aus dem braun gebrannten Gesicht des kleinlauten Onkels Joe ist auf bestürzende Weise das Blut gewichen, es ist grau wie Asche. Ferienzauberformeln werden gewoben, die wir in den gebräunten, klebrigen Händen halten. Das kannst du mir nicht nehmen, Whitney Houston.

Warum sitzt die Trauer neben mir an diesem sonnigen, schattenlosen Ort? Mir war nicht bewusst, wie sehr mich mein Leben zu Hause schmerzt. Das Ausmaß der Schläge hat tiefe Wunden hinterlassen. Nachts begehren die Muskeln im Nacken auf und krampfen, und ich wache in nackte Angst gebadet auf. Die Verspannung verfolgt mich an den Pool, pufft mich beim Abendessen in die Seite und fordert mich zum Tanzen auf, wenn die Lichter gelöscht sind. Ich liege in dem schmalen Campingbett und wälze mich in den verschwitzten Laken. Ferien – so lange habe ich euch herbeigesehnt. Was ist das nur für ein grausames Spiel?

Über die kurvenreiche Küstenstraße fahren wir in einen kleineren Ort namens Tossa de Mar. Dort gibt es alte Gebäude und Ruinen, die in die Klippen gehauen wurden. Der Horizont führt uns an einen wunderschönen Strand, über das Wasser hopsen Motorboote. Zu siebt stapfen wir durch den heißen Sand und stürzen uns ins Meer. Ich schleppe mich heraus und lege mich in den Sand. Tief graben sich meine Zehen ein. Arden sammelt spanisches Strandglas und deponiert es wortlos auf meinem sonnenbadenden Bauch. Wie immer wirkt das Meer Wunder, und ich finde Frieden. Ferien, da seid ihr also, wie schön, euch kennenzulernen.

Wir fahren zurück nach Frankreich, und wieder ist mir jemand auf den Fersen. Die Franzosen mögen strenger sein, ihr Essen aber ist eine kosmische Erleuchtung. Der Campingplatz wird wie ein Militärstützpunkt geführt, der sich in funkelnden Fummel geworfen hat. Amüsiert euch, aber haltet euch an die Regeln und wagt ja nicht, mit schmutzigen Schuhen an den Pool zu gehen.

Es stellt sich heraus, dass du dich nach einer Flucht von einer Küste an die andere und einer Fahrt durch ganz Frankreich, um im Mittelmeer einzutauchen, für kurze Zeit stark fühlen magst, dann aber doch wieder nur einsam bist. Die große, weite Welt kann noch größer und einsamer sein, und aus dem üblichen Kontext gerissen bist du noch schwerer zu entschlüsseln. Ich bin ein sonnenverbranntes Echozeichen inmitten von gebräunten Paaren und Sportwagen.

Die Leute, denen wir begegnen, gehen automatisch davon aus, dass Joe mein Mann ist. Joe ist acht Jahre jünger als ich, also amüsiert es mich. Der arme Joe kann sein Entsetzen nicht verbergen. Wir erwägen, ob wir ihm ein T-Shirt besorgen, auf dem steht: »Ich bin nur der Spaßonkel« oder auch »Das sind nicht meine«.

Joe ist so unkompliziert, er führt mich zurück zu meinen Wurzeln und macht mich auf gute Weise normal. Ich kämpfe mich durch seine öde Fußballerbiografie, und er klaut sich meinen *Game of Thrones*-Band. Wir teilen uns die Aufgaben, und er schultert kleine Kinder, wo seiner geliebten Patentochter Sadie ein besonderer Platz vorbehalten ist. Es gibt wenige Menschen, die sich tatsächlich auf einen Urlaub mit dieser Mischpoke freuen würden. Die Kinder und ich wissen uns glücklich zu schätzen.

Für ein verheiratetes Paar sehen Joe und ich uns bemerkenswert ähnlich. Auf einer Autofahrt ergibt sich daraus ein fröhliches Gespräch über Paare, die wie geklont wirken, und Hunde, die aussehen wie ihre Besitzer. »Red nicht von Hunden«, flüstere ich. »Ich vermisse Pappy!«, heult Hunter prompt vom Rücksitz. »Er ist uns näher, als ihr denkt«, seufze ich. »Wie meinst du das?«, schreckt Joe auf, dann fällt ihm die Kinnlade herunter. »Ist er hier drin?« Ich lächle, und Joe zieht die Augenbrauen zusammen. »Er ist unter meinem Sitz, oder?«, sagt er mit ausdrucksloser Miene. Ich zucke die Schultern und muss mich bemühen, das Lenkrad gerade zu halten, als Joe anfängt herumzuhopsen, als säße er auf einem Ameisenhügel. Die Kinder sind zu sehr abgelenkt von ihren Comics und von Hunters Geheul, um unser wildes Kichern zu deuten.

In Frankreich geben wir uns dem Lachen hin, trinken guten Wein und reinigen uns auf durchgeschwitzten Läufen bei sechsunddreißig Grad Hitze. Auch Mont Saint-Michel ist ein verzauberter Ort, an dem wir auf dem Heimweg haltmachen. Von der Ferne wirkt es in der flachen Landschaft der Normandie wie eine spitze Insel in einem Pop-up-Buch. Wir summen die Melodie des »Elfenbeinturm«-Lieds aus der Verfilmung der *Unendlichen Geschichte*, als wir darauf zufahren. Näher dran patrouillieren grimmige, bewaffnete Militärs, und der Fahrer des Reisebusses schimpft lauthals mit Hunter, weil er in der Parkbucht steht. Er versucht, ein Touristenauto vor sich zu rammen, das gewagt hat, ihn zu überholen. Ich liebe wütende Franzosen.

Auf der Nachtfähre stürzen wir uns auf das All-you-can-eat-Büfett, tanzen und sehen einem Zauberer zu, der in einen riesigen, mannsgroßen Ballon steigt. Er schnappt sich den Schuh von Joe und schenkt sich einen Drink hinein – der bescheuertste Zaubertrick aller Zeiten. Wir klatschen fröhlich, bis uns die Hände wehtun.

Zu Hause ist immer noch jemand hinter mir her. Wer bist du? Ach, hallo, alter Kumpel, du bist's, die Einsamkeit. Jetzt, wo wir nicht mehr von all dem Sonnenschein geblendet sind, kann ich deine Silhouette wieder erkennen. Dort drüben hast du mir Angst eingejagt, ich habe mich gestalkt gefühlt, aber das ist schon okay. Ich komme klar damit, dass du mir nachstellst. Es gibt Schlimmeres, worüber ich mir Sorgen machen kann.

Die Ferien haben uns und Simon aus dem Takt gebracht. Die Familie und die Pfleger wissen nicht mehr, wie wir uns auf engem Raum aufeinander abstimmen sollen. Als Simon die Kinder sieht, leuchtet sein Gesicht auf, und sie schmiegen ihre gebräunten Körper an ihn. Die Worte, die er an mich schreibt, sind immer noch knapp, sein Blick geringschätzig. So viele Samstage gehen uns verloren. Die Kinder kämpfen mit der Langeweile und toben herum, während sie darauf warten, dass Simon aufsteht. Als er in gebügelter Hose und gebügeltem Hemd erscheint, erklärt er, dass er nirgendwohin will. Einsam und zurückgewiesen packe ich die Kinder ein und fahre mit ihnen zur Bucht. Ich vermisse Onkel Joe.

An manchen Tagen hat man ganz einfach das Gefühl, elendig zu versagen. Das Weglaufen soll den Tag retten. Tränen fallen auf die Steine, und ich wische sie weg, ehe die Sommerfrischler und Müßiggänger sie bemerken. Die Bucht ist immer ein guter Ort für so etwas, heute aber braut sich zwischen den Brüdern Ärger zusammen.

Arden und Jack werfen sich Gemeinheiten an den Kopf,

dann zielen sie aus nächster Nähe mit Steinen aufeinander. Ein Stein erwischt sein Ziel direkt am Hals. Raufereien und markerschütternde Schreie unterhalten den gut besuchten Sommerstrand. Derjenige, der sein Ziel getroffen hat, ist Jack. »Geh zum Auto«, schimpfe ich, und er stürmt davon. Ein paar Minuten später folgen wir ihm, doch von Jack fehlt jede Spur.

Wir fahren durch Greystones, und wie ein ängstlicher Welpe streckt Arden den Kopf aus dem Fenster. Ist er das dort drüben auf den Felsen? Nein, er hatte Jeans an. »Wir müssen die Polizei rufen, Momma, vielleicht hat man ihn entführt«, meldet sich Raife zu Wort. Eine halbe Stunde lang fahren wir herum und suchen den Weg ab. Bei der dritten Runde entdecken wir ihn mit bleichem Gesicht an der Ecke. Ich hupe, und gehetzt blickt er auf. Ein kreideweißer Geist rennt auf uns zu und setzt sich ins Auto.

Jack hat sich am angrenzenden Strand versteckt und einen Schreck gekriegt, als das Auto weg war. Mein Junge ist tatsächlich weggelaufen. »Tu das nie wieder«, keuche ich und nehme ihn fest in die Arme. »Das werde ich nicht«, schnauft er irgendwo tief in meiner Achselhöhle. Ich traue ihm mehr, als ich mir selbst traue. Ich renne so gern, manchmal aber braucht meine Familie nichts anderes, als dass ich stillhalte. Ich kann nicht lange genug stillhalten für Simon, doch ich muss es versuchen. Auch die Kinder vermissen ihren Onkel Joe, sie brauchen meine Aufmerksamkeit.

Ich bin bereit für den Stillstand. Ich werde mich in die Sofakissen zurücklehnen und Teewasser aufsetzen. Es fällt mir nicht schwer, denn etwas Wunderbares ist geschehen. Meine verdorrten, verkümmerten Pflanzen atmen erleichtert auf. Marian ist zurück, topfit und mit einem Lächeln in den Augen. Ihr zu Ehren werden die

Orchideen aufblühen, und wir werden wieder so etwas wie ein Zuhause haben. Ich will sie festhalten und nie wieder loslassen. Geh behutsam mit diesen frisch geheilten Knochen um. »Was ist mit dem Mondscheinbad, Ruth?«, fragt sie und grinst verschmitzt.

Kriegsverletzungen

Marian und ich können nicht still sitzen. Aufgeregt hopsen wir unseren Mondscheintanz. »Ich schau mal in meinem Mondkalender nach«, erklärt Marian wie ein geheimnisvoller Hexenmeister. Routiniert wischen ihre Finger über das Tablet und erkunden Monddaten. »Der Herbstmond ist dieses Jahr am 16. September«, liest sie vor. Na klar. Ungläubig kichere ich. Mein Kopfschütteln versetzt Marian in Alarmbereitschaft. »Was ist? Was denn?«, fragt sie. »Simon und ich haben am 16. September geheiratet. Es ist unser Hochzeitstag«, erkläre ich. Es folgt entgeistertes Schweigen. Dann folgen Schreie, die die kleinen Kinder in Schrecken versetzen. Atemlos telefoniere ich mit dem Schwimmclub der traurigen Heldinnen. Erhebt euch, meine Damen. Es steht ein Bad unter dem Vollmond an.

Nachts kann ich nicht schlafen. Wenn man keine Angst mehr vor dem Dunkeln hat, dann werden vielleicht auch die Tage einfacher. Dem Mond wohnen Geheimnisse inne, die auch die ängstlichsten Seelen erschüttern. Lasst uns ein Mondscheinbad nehmen, die Dunkelheit umfangen, in die samtene Schwärze tauchen und uns an der Unendlichkeit berauschen.

Im September ist die Bucht ein beliebter Ort. An warmen Tagen halten sich die Leute dort länger auf. Auf den Felsen drängen sich die sommerlichen Nachzügler und essen Pommes frites. Wir bahnen uns den Weg die Stufen hinunter und stürzen uns zu den beherzten Teenagern ins Wasser. Sie nehmen uns nicht zur Kenntnis, springen von

Felsen herunter und rufen einander großspurige Weisheiten zu.

Am Abend geht es ruhiger zu, wenngleich die Mitgliederzahl unseres Clubs wächst. Einen winzigen Zwergspitz im Arm bahnt sich Yasmin einen Weg in unsere Herzen. Aus ihrem Gettoblaster auf den Steinen schallen funkige Rhythmen, während sie dem Wasser mit beeindruckender Begeisterung trotzt. Der Hund ist so klein, dass er an ihre Handtasche geleint bebend auf sie wartet. Maire aus Sligo beschämt mit ihrer Furchtlosigkeit. »Das sind doch keine hohen Wellen«, spottet sie, als wir ins Meer hineinwaten, um uns immer wieder von den Wogen herumwerfen und überrollen zu lassen.

Auch Aifric kehrt eines Tages mit glühend meerhungrigem Blick zurück. »Es ist alles so stressig«, keucht sie. »Ich muss schwimmen.« Morgens schält sie sich aus ihren schicken Kleidern und springt ins Wasser, bevor sie ins Büro weiterfährt. Sie gesteht, dass sie nach dem Schwimmen, hinter dem Computerbildschirm versteckt, heimlich an ihren Armen leckt. Meerjungfrauenarme schmecken nach Salz. Das erinnert sie den ganzen Tag über an das magische frühmorgendliche Bad.

Noch sind es zwei Wochen bis Vollmond, doch ich packe die fünf Kinder ins Auto. Unter den warmen Kapuzenpullovern tragen sie Schlafanzüge. In der Dämmerung tänzeln wir hinunter zur Bucht. Dort steht Michelle, von den Steroiden erlöst und genesen, und leuchtet in Braun- und Goldtönen. Dicht am Geländer sitzt der bärtige Galen in seinem Rollstuhl, so nah wie möglich am Wasser. Bodhi schmiegt sich auf seinem Schoß an ihn. Aifric ist mit warmen Decken und Tee angerückt. Zufällig vorbeikommende Freunde bleiben für ein Schwätzchen stehen, und unvermittelt ist es eine richtige Versammlung. Das ist der typische Michelle-und-Galen-Effekt. Wo immer sie sind, versammeln sie Menschen um sich.

Ein paar Frauen klettern die veralgten Felsen hinunter, weil Ebbe ist und man von den Stufen aus nicht ins Wasser kommt. Auch ein paar Töchter kommen mit, während ihre Brüder mit Stöcken fuchteln und die entfernter liegenden Sanddünen hinunterrutschen. Mit ratlos ausgestreckten Armen steht Sadie auf den Stufen und brüllt: »Warum sind nur die *Ladys* im Wasser?« »Weil es die Ladies' Cove ist und wir *Meerjungfrauen* sind«, lachen wir. Jauchzend und japsend gehen wir von Geplauder unterbrochen immer wieder planschen. Die Jungs werden neidisch und gesellen sich auch dazu. Wir krabbeln über glitschige Steine, um wieder und wieder hineinzuspringen. Geduldig wirft Galen einen Stock für Casper, den Wunderhund, der ihn winselnd zurückholt. Von uns allen tut sich der Hund am leichtesten damit, über die Felsen zu klettern.

Es ist so großartig, dass wir viel länger drinbleiben, als wir sollten. Schließlich kraxle ich über die spitzen Steine aus dem Wasser, meerschaudernd und mit Algen unter den Fingernägeln. Mit nassen Füßen patsche ich zum Auto und kehre mit der Reiseapotheke zurück. Für all die blutenden Zehen, Knöchel, Ellbogen und Knie werden Pflaster herumgereicht. Aifrics Teetasse geht durch so viele zitternde Hände, dass der meiste Tee über den Rand hinausschwappt. Mit gelösten Gesichtern, glänzenden Augen und leeren Köpfen lachen wir. Es ist Nacht, bis ich die vom Wind zerzausten Kinder im Auto verstaut habe und mit eingeschalteten Scheinwerfern nach Hause fahre.

Mittlerweile schwimmen wir zwei Mal am Tag, und wir sehnen uns nach der Gefahr. Michelle hat einen Termin bei unserer lächelnden Friseurin, die staunt, was all das grüne Zeug in ihrem Haar ist. Mehr denn je nähern wir uns dem Status qualifizierter Meerjungfrauen. Bei Ebbe erklimmen wir die Felsen, von denen wir ins Wasser springen. Unsere Zehen verheddern sich in krebsübersäten Felsspalten. Algen kitzeln uns an den Knien, und Wellen schlagen uns in den Rücken, wenn wir aus dem Wasser emportauchen. Unsere betäubten Körper werden verschrammt und geschunden, und es ist gut so. Makabres Blut läuft unsere Glieder herab, doch in der Kälte schmerzt es nicht. »Das ist echt krass«, sage ich und zähle meine blutigen Kriegsverletzungen. Stunden später stellen sich die ursprünglich so dramatisch wirkenden Schnitte verschämt als winzige Kratzer heraus.

In der Woche vor dem 16. September foppt uns der Mond mit einer zunehmend kurvigen Form. Der 14. ist der Jahrestag von Galens Unfall. Wieder versammeln sich die Freunde mit ihm im Hafen zum Schwimmen. In diesem Jahr geht auch Michelle ins Wasser. Galen gleitet ins Meer und dreht sich mit ausgestreckten Armen auf den Rücken. Ich sehe zu, wie er die Weite des Himmels mustert und sich sein lachender Mund weit öffnet. Sein Gesicht treibt oben, außer Reichweite des Schmerzes. Er wirkt schwerelos, ein übermütiger, glücklicher Kopf.

In meiner Kehle bildet sich ein Klumpen, als ich Michelle und Galen gemeinsam schwimmen sehe. Ich stehe im Wasser, ich will genauso lang im Wasser sein wie Galen. Meine Sturheit lässt mich vor Kälte fast erstarren, denn er will nicht herauskommen. Dieser amphibische Irre macht aus mir noch einen blaulippigen Schlumpf. Nein, wir gehen nicht ins Meer, nur um uns zu betäuben. Wenn ich uns so anschaue, wie wir einfach weitermachen und überleben: wie die Wellen, die unaufhörlich rollen, wie die prickelnde Spannung beim Sprung, wie die Kälte, die einen überspült, wollen auch sie sich nicht anbinden lassen. Mehr Freiheit ist für uns alle nicht möglich.

Am Abend kehrt Michelle noch einmal an den Hafen zurück, zusammen mit Yasmin und den Kindern von beiden. Ich passe sie ab, als ich die Jungs zum Fußball bringe, und prompt steigt eine neue Party. Bodhi rennt die Slipanlage rauf und runter, er ist ein nicht zu bremsender nackter Bumerang. Noch ist nicht Vollmond, aber es ist kurz davor. Der Hafen wirkt wie eine Riesenwanne, die von einer prächtigen runden Kugel erleuchtet wird. In der Nähe steckt eine große Robbe den Kopf aus dem Wasser. »Wir haben ihn Ron getauft«, kichert Michelles Tochter. Robben sind niedlich, aber ich weiß nicht, ob ich mit einer schwimmen möchte. Wir kreischen und spritzen und lassen uns auf dem Rücken treiben, während wir den großen gelben Mond anheulen. »AAAAAAAAAAUUU-UUUUUHHHHHHH!« Der Abend ist vollkommen. Wenn nur der Hafenmeister Jagd auf uns machen würde!

Beim Schwimmen werden die Spinnweben aus meinem Kopf gespült, so ähnlich wie wenn man den Wäschekorb in einer ordentlichen Waschaktion leer macht. Ich bin wiederhergestellt. Fröhliche Waschaktionen sind etwas, das womöglich nur ein Hausfrauenhirn nachvollziehen kann. Das Wort Hausfrau ist ziemlich aus der Mode gekommen. Ich ringe mit dem Begriff, wenn ich Formulare ausfüllen muss. Mein Stift brütet über der Dame des Hauses, Heimschaffenden, Heimtechnikerin, Familienmanagerin, Heimökonomin, Herrin von vier Wänden, Traumtänzerin. Ich streiche sie alle durch.

Die meisten Aufgaben, die meine Tage ausfüllen, langweilen mich zutiefst. Kochen ist in Ordnung, vor dem Putzen aber schrecke ich zurück. Früher habe ich das Radio angestellt, um meine Seele zum Verstummen zu bringen und die Stille eines vergeudeten Lebens zu planieren. Ich habe versucht, Zeitung zu lesen. Doch es schmerzte in den Ohren, in das gesellschaftliche Gebrumm hineinzuhorchen. Lieber will ich explodieren, als mich einfügen.

Immer wieder starre ich in den Spiegel und erschrecke vor der Person, die mir daraus entgegensieht. Sie ist so sehr sie selbst, mehr als sie selbst es je sein könnte. Ein Mondscheinbad verleiht ihrem Blick wilde Begeisterung. Es liegt eine elementare Kraft darin, genau das zu tun, was man tun sollte. Sagt mir nach, was immer ihr wollt. Ich werde meine eigene Melodie anstimmen. Der Mond und das Meer rufen mich.

Mondscheinbad

Alles Gute zum Hochzeitstag«, sage ich zu Simon und gebe ihm den üblichen morgendlichen Kuss auf die Stirn. »Kannst du heute Abend auf die Kinder aufpassen, wenn ich und die Mädels ein nacktes Bad unter dem Vollmond nehmen?« Wir zermürben einander schon so lange. Ich brauche dieses Mondscheinbad, um mich selbst zu retten. Das Lächeln in seinen Augen lässt mich hoffen, dass er mich versteht. Doch ich bin mir nicht sicher. Vielleicht genießt er auch nur die Vorstellung rein weiblicher Nacktheit, die ich in ihm wachgerufen habe.

Den ganzen Tag über laufe ich summend durchs Haus und träume von Vollmonden. Ich male mir den Wonneschauder scheuer Leiber aus, die nackt vor der dunklen See stehen. Unsere Geburtsnarben, Krampfadern und verborgenen wabbeligen Stellen werden sich im Mondschein sonnen. Wir werden unserem Verstand trotzen und mit klopfenden Herzen tief eintauchen. In dem Augenblick, in dem die Füße das Wasser berühren, werden sich unsere Körper gegen die sorgengeplagten Gemüter auflehnen. Wir werden springen und geradewegs auf den Puls der Natur zielen. Es existiert so viel Angst um Krankheiten; das hier ist das exakte Gegenteil. Mir ist angst und bange.

An der Schulpforte werden meine Tagträume etwas modifiziert. Einer Freundin erzähle ich flüsternd von meinen Plänen. »Du willst nackt in der Bucht baden – *heute* Abend?«, ruft sie. Grinsend nicke ich. »Aber, Ruth! Heute ist Kulturnacht in Greystones. Am Strand gibt es ein Open-Air-Kino. Er wird voller Leute sein. Es werden Hunderte da sein! Sie zeigen den *Weißen Hai*.«

»Ach du heilige Scheiße!«, platzt es aus mir in Hörweite junger Menschen heraus. Als scharenweise kleine Gesichter aufblicken, presse ich mir die Hand auf den Mund. Wir krümmen uns vor Lachen. »Heilige Scheiße«, wiederhole ich leise, mit mehr Rücksicht auf die schulische Umgebung. Zweifellos sollte der Schwimmclub der leidgeprüften Frauen dem gesellschaftlichen Terminkalender mehr Aufmerksamkeit schenken.

Als der Tag sich neigt, lasse ich die Kinder bei Simon, wo sie sich in seinem Bett zusammengekuschelt einen Film anschauen. Vielleicht werde ich auch einen Film sehen, sage ich mit einem Augenzwinkern und winke ihnen zum Abschied. »Viel Glück, Momma«, rufen sie fröhlich, die Backen vollgestopft mit Popcorn.

Die Bucht pulsiert, es herrscht eine Stimmung wie im Karneval. Imbissstände verströmen Brathähnchenhitze und scharfen Grillsaucengeruch. Dem Meer zugewandt, ist eine große Kinoleinwand aufgebaut, und am Ufer stehen Reihen bunter Liegestühle.

Wir klettern die Felsen auf der anderen Seite der Stufen hinunter in eine kleine Einbuchtung, außer Sichtweite der Menschenmenge. Dicht beieinander sitzen wir an unserem versteckten Strand, in Decken gewickelt, und beobachten, wie der Mond aufgeht. Mir war nie bewusst, dass der Mond genauso aufgeht wie die Sonne, und fühle mich ein bisschen dämlich. Er ist groß und knallorange. Marian, Aifric, Michelle und ich kauern uns wie ein Wolfsrudel aneinander, das ein Urtrieb zum Heulen drängt. Es ist einfach nur schön, und meine Liebe zu diesen Frauen ist grenzenlos. Diesen Anblick mit dem Schwimmclub der traurigen Heldinnen zu teilen ist auf wunderbare Weise frei von Leid.

Der Mond steht jetzt hoch am Himmel, und das Licht wird schwächer. Die Dunkelheit senkt sich herab, die Leinwand fängt an zu flimmern. Ein dichter Menschenteppich bedeckt den Strand. Sie haben dem Meer den Rücken zugewandt und sehen sich den Film an. Wir haben nichts zu tun mit diesen Höhlenbewohnern, die den über die Wand tanzenden Gestalten zuschauen. Der Filmprojektor setzt sie ins Licht, während wir uns weitab, im Schatten verborgen, auf den Stufen herumdrücken. Mit meiner Sippe wende ich mich dem Mond zu und stehe vor dem rauen Ozean.

Ich würde ja gerne behaupten, dass wir in dieser Zusammenkunft die weisen Philosophen abgeben, tatsächlich aber gleichen wir mit unseren wilden Blicken eher irren Mondsüchtigen. Gern wären wir ganz nackt, doch dann würde uns womöglich die Polizei festnehmen. Stattdessen haben wir uns widerstrebend auf knappe Bikinis geeinigt. Die Höhlenbewohner wenden uns weiterhin ihre Rücken zu und dringen nicht in unsere Sphäre ein. Hier ist für jeden Platz. Es fühlt sich so an, als hätten sie sich eigens für uns versammelt, um das Hintergrundbild abzugeben und uns zum Sprung zu ermutigen.

»Sieh dir den Mondpfad auf dem Wasser an«, flüstert Michelle. »Darin will ich schwimmen.« In ihren Augen ist dieser irre Blick, der davon zu künden scheint, dass sie, wenn sie diesem Mondpfad folgt, niemals zurückkehren wird.

Der Schwimmclub der leidgeprüften Frauen hat an diesem Abend ein paar mehr Mitglieder. Alison ist da, um Fotos zu machen. Helen reicht uns die Handtücher. Margie will auch schwimmen. Marian ist noch nie von den Stufen aus ins Wasser gegangen und ist fest entschlossen, dass heute das erste Mal sein wird. Eine durch und durch weibliche Energie scharrt mit den Hufen auf dem Kies, als wir die Handtücher fallen lassen.

Das Wasser sieht wahrhaftig aus wie schwarzer Samt, und der raue Wellengang fordert uns heraus. Die Wogen klatschen hoch hinauf gegen das rostige Treppengeländer. Wir warten ab, bis die Titelmelodie des *Weißen Hai* loslegt, dann springen wir hinein. Marian schafft es die Stufen hinunter und steht bis zur Hüfte im Wasser, dann aber erstarrt sie vor Angst. »Ich schaffe das nicht«, schluchzt sie, als ich aus dem Wasser komme, um ihr zu helfen. Sie ist so weit gegangen, wie es ihr möglich ist, ich werde sie nicht drängen.

Die Kälte und der Mond haben uns verstummen lassen, mehr als erschrockenes Schnaufen ist von uns nicht zu hören, während wir springen und tauchen und im Kreis schwimmen. »Hoffentlich kommt die Robbe Ron auf keine dummen Ideen, wenn sie den *Weißen Hai* sieht«, kichere ich, bevor ich mich ein letztes Mal hineinstürze. Ein paar Teenager, denen beim Kino langweilig geworden ist, haben sich uns genähert. »Ihr seid ja echt total durchgeknallt«, murmeln sie voller Hochachtung. Einen Moment lang nehmen sie uns zur Kenntnis.

Danach rasen wir zum Plaudern und für heiße Whiskeys ins warme Pub. Zurück im Licht sehe ich mir diese Ehrfurcht gebietende Gruppe rund um den Tisch an. Ich staune über diese Frauen, die ich jetzt als meine Freundinnen betrachte. Sie sind mutig und ehrlich, wir schenken einander nichts als Liebe. Eine mächtige Erkenntnis von Zugehörigkeit stellt sich ein, wenn man ganz und gar durchdrungen ist von der eigenen Sippe. Eine Zweierfreundschaft ist etwas Wunderbares, heute Abend aber sind wir als Gruppe verwoben. Ein Abend voller wahrer Freundinnen und Gelächter. Ich fühle mich so wohl wie schon lange nicht mehr, vielleicht aber ist mir ja auch der Whiskey zu Kopf gestiegen.

Marian ärgert sich über sich selbst, weil sie nicht ganz ins Wasser gegangen ist. Sie besteht darauf, mich zwei Tage später noch einmal in der Bucht zu treffen. Während ich im Wasser stehe, rede ich ihr gut zu und bete zu Gott, dass sie sich ranhält, bevor ich eine Unterkühlung kriege. Schließlich stürzt sie sich mit einem beeindruckend ohrenbetäubenden Kreischen von den Felsen aus hinein. Zufällige Beobachter klatschen spontan. Mit einem irren, unfokussierten Blick steigt sie aus dem Wasser. »Verdammt, ist das *eisig!* Wo zum Teufel ist der Adrenalinkick, Ruth?«, brüllt sie vorwurfsvoll. »*Du Lügnerin!!!* Wo bleibt der nur!« Sie schreit wie ein adrenalingeladener tanzender Derwisch, und ich muss lachen.

Ich träume immer noch vom Nacktbaden. Mark zufolge, einem langjährigen Schwimmer in Greystones, haben Meerwasser und Blutplasma dieselbe Zusammensetzung. Während er spricht, verbiegt er seinen Körper an den Stufen in der Bucht zu beeindruckenden Yogafiguren. O Mann, ich stehe auf seine Hippiewissenschaft. »Das Fruchtwasser im Mutterleib ist dem Meerwasser ganz ähnlich. Und das ganze Jod ist auch total gut für dich«, fügt er hinzu, bevor er sich elegant wie ein Delfin ins Wasser stürzt. Er verschwindet in der Tiefe. Es kann mehrere Minuten dauern, bis er zum Luftholen wieder nach oben kommt.

Unser nacktes Vollmond-Erlebnis kriegen wir zwei Monate später, am 14. November. Die Nacht ist ungewöhnlich warm, und kein Mensch ist unterwegs. Der Mond versteckt sich hinter den Wolken, und drei von uns verstecken sich unter Handtüchern. Ein verlegenes Schweigen tritt ein. Wer wird wohl die Erste sein, die ..., frage ich mich, doch Aifric läuft schon an mir vorbei, eine lässige nackte Göttin. Wow. Ich folge ihren Pobacken die Stufen hinunter ins Wasser. Direkt hinter mir ist Maire. In einer Reihe stehen wir da, und der Wind peitscht unsere Nacktheit. Kreischend stürze ich mich hinein.

Nacktbaden sei die ultimative Liebkosung der Natur, hat Marian einmal gesagt, und genauso fühlt es sich an. Nie zuvor habe ich mich so seidenweich gefühlt. Mutter Gottes, der Erde und der See, diese Empfindung verschlägt mir den Atem. Ich bin nicht mehr ich selbst, sondern Teil des Wassers. Es umfängt mich als Ganzes. Wir springen und japsen und klettern, bis uns die Kälte erledigt hat.

Womöglich hat es mit einer Todessehnsucht zu tun, oder meine armselige Seele zieht es in die Unendlichkeit. Ich weiß es nicht. Meine sterblichen Windungen lösen sich unter dem urwüchsigen Mond in der tintenschwarzen, kalten Wasserflut auf. Beim Schwimmen bin ich furchtlos. Ein irrer Mondpfad lenkt mich besseren Träumen entgegen. Während wir uns anziehen, unterhalten wir uns ruhig über das Schwimmen und über Mondregenbögen. Maire sagt, dass Mondregenbögen wie gewöhnliche Regenbögen seien, die durch Wasser und Mondlicht entstehen anstelle von Sonnenlicht. Das menschliche Auge kann die Farben in einem Mondregenbogen nur schwer ausmachen, deshalb wirken sie weiß. Es gibt sie nicht oft, aber doch hin und wieder. Ich fühle mich ruhig und schläfrig. Hier herrscht keine wilde Euphorie, sondern tiefe Erfüllung. Ich fahre nach Hause und schlafe das erste Mal seit vielen Jahren tief und fest.

Wellen (und Käseflips)

Die Stürme rühren das Meer zu ungestümen Höhen auf. Autos passieren den Hafen und werden beim bloßen Anblick der gigantischen Wellen unvermittelt langsamer. Wer darin badet, der wird vom Meer nur tot wieder ausgespuckt. Spaziergänger bleiben fasziniert stehen, als seien Aliens gelandet. Derartige Sturzwellen sind mir die liebsten. Sie sind so heftig, als habe jemand den Schnellvorlauf gedrückt. An den Stufen in der Bucht reißen die krassen Kerle ihre Mäuler weit auf. Sie schwappen über Land und Felsen, und in ihrem Angesicht wirkt alles andere winzig. Der Wind trägt sie, und sie scheinen Teil unserer Atemluft zu sein. Jeder, der sie sieht, ringt um Luft, weil er weiß, dass die See stark genug ist, um Woge für Woge die ganze Welt zu Fall zu bringen.

Eine ganze Woche lang tun sich die riesigen Wellen an der Küste gütlich. Weiße Schaumklumpen werden vom Meer hereingeweht und liegen wie Schnee auf den Straßen. Auf den Autofenstern hinterlässt die Gischt salzige Schneckenpfade. Als die Wellen sich endlich legen, hat der South Beach von Greystones eine neue Treppe. Das Meer hat sie in einer raschen, wilden archäologischen Grabung freigelegt. »Woher kommen die Stufen?«, fragen die Kinder. »Vor Jahren wurden sie verschüttet«, erklärt Phil, unser einheimischer Freund. »Hier konnte man früher ins Wasser gehen, die Stufen hießen The Men's.« Halleluja und Ehre sei Gott. Die Männer haben ihre Stufen zurückbekommen. Jetzt gehört die Ladies' Cove endgültig mir allein.

Brüllend und mit tränenüberströmter Theatralik rast Sadie in die Küche. »Mein Herz ist in kleine Stücke zersprungen!«, heult sie. »Raife hat mein Herz zerbrochen.«

»Ich wollte ihr die Fernbedienung nicht geben«, erklärt Raife und verdreht die Augen. Ich will Sadie sagen, dass Herzen auch in Stücken überleben können. Ich habe mein Herz nie für Dinge riskiert, die es nicht wert gewesen wären, also haut nur drauf. Fernbedienungen mögen nicht zu diesen würdigen Dingen zählen, vielleicht warte ich lieber, bis Sadie ein bisschen älter ist. Wenn Arden weiterhin Strandglas sammelt, können meine Herzstücke ewig überdauern. Ich klappere mit der stetig wachsenden Sammlung in meiner Geldbörse. Manchmal purzeln sie in gut besuchten Cafés auf die Tischplatte, und ich zähle das Strandglas aus. Pappy ist immer noch unter dem Beifahrersitz. Mittlerweile habe ich den Eindruck, dass er dort hingehört.

»Als ich hier angefangen habe, hast du jeden Morgen um sieben im Haus staubgesaugt«, erinnert sich Marian. Lieber Gott, diese wahnsinnige Frau sind wir glücklicherweise los. Kein Wunder, dass das Superheldenkostüm verrutscht ist. Das Unkraut mag die Beete ersticken, in den Ecken darf sich der Staub sammeln, in den Kloschüsseln verkrusten die auf Abwege geratenen Urinstrahle der Jungs. Irgendwann wird sich die Hausfrau darum kümmern, zunächst aber stehen ein paar wichtige Unterhaltungen mit Marian über dampfenden Teetassen an.

»Momma, wenn wir groß sind, dann werden wir Meerjungfrauen, nur du und ich. Wir springen rein und raus, weil das Meerjungfrauen so machen. Ich will auch eine Meerjungfrau sein, Momma, so wie du. Unsere Zauberketten werden die Haie vertreiben, stimmt's?«

»Aber sicher, Sadie«, antworte ich. Quengelnd erhebt

Hunter Protest. »Ich will ein Hund werden«, murrt er, »aber Hunde können nicht unter Wasser tauchen.« Sein pummeliges Gesicht zittert nachdenklich. »Ich werde ein Meerjungfrauenhund«, beschließt er mit verträumtem Blick.

Raife marschiert in die Küche, einen Notizblock unter den Arm geklemmt. »Momma, schnell, ich brauche eine von diesen Tabletten, die das Gehirn schmieren!«, verlangt er. »Meinst du ... Lebertran?«, mutmaße ich ins Blaue. »Ja, genau. Ich will ein Buch schreiben, so wie du und Dadda, deswegen muss ich mein Gehirn schmieren«, sagt er. Du lieber Himmel, noch ein Schriftsteller, denke ich. Wenigstens hat er das Humpeln aufgegeben.

Die Tage werden kälter, also heize ich den Kamin ein und mache Ofenkartoffeln. Ich verwöhne mich, denn in meinem Kopf kreist ein teils selbst erdachter Reim. *Gedenke, gedenke dem Tag im November. ALS, mach mal halblang, für mich und meinen Mann. Machst du halb nicht, nehm ich ganz, besser für mich und schlechter für dich.* Ich lungere auf dem lauten Bett neben Simon herum, wo wir uns, mit Kissen im Rücken, die Rohfassung seines Films *My Name is Emily* ansehen. Wir sind über tote Hunde, getrennte Betten und argwöhnische Blicke hinaus und teilen diesen Augenblick. Der Film spannt sich über unsere gesamte Ehe. In ihm schimmern so viele von Simons Gedanken und Überzeugungen durch. Deutlich sehe ich in ihm den frechen Jungen mit charmantem Grinsen, der zu schnell Auto fährt.

Der tief in mir sitzende Kummer steigt empor und überwältigt meinen Körper. Tränen stürzen heraus. Gigantische Trauerarme legen sich um die Jahre und drücken sie fest an sich. In diesem Augenblick liebe ich Simon so sehr. Ich klammere mich an seine Brust, die sich mechanisch hebt und senkt wie beim Blechmann im *Zauberer von Oz*, und hänge dort wie ein nasser Lappen. Auch Simon weint. Erstmals seit langer Zeit teilen wir wieder etwas miteinander, und dieser Gedanke lässt mich noch mehr weinen.

Dieses Leben ist skurril. Fremde Menschen befüllen den Wasserkocher in der Küche und schlurfen mit Tassen durchs Haus. Es ist skurril und grausam, dennoch halte ich am großartigen Herzen meines Mannes fest. Nur einen zärtlichen Blick später wird dieser Moment verstrichen sein, doch ich werde ihn nicht vergessen.

Wieder ist Jack still geworden. »Ich wünschte, Dadda hätte keine ALS«, sagt er zum hundertsten Mal. »Ich auch, Jack, es ist beschissen«, antworte ich. Eingehend betrachte ich ihn. Während ich mir unseren hübschen Jungen mit seinem schweren, sorgenvollen Kopf ansehe, frage ich mich, ob dieser Kopf jemals leichter gewirkt hat. »Aber weißt du was?«, sage ich dann. »Gott sei Dank gibt es Käseflips. Knusprig-käsige Herrlichkeit zum Knabbern. Ich bin so froh, dass es sie gibt. Ich meine, stell dir eine Welt ohne Käseflips vor!« Zur Unterstreichung schwenke ich die Arme. Jacks Gesicht leuchtet auf, und er grinst sein breitestes Grinsen. Er mag Käseflips wirklich sehr. »Ja«, strahlt er. Wir werden immer Käseflips da haben, Jack. IMMER.

In dieser Nacht habe ich einen total verrückten Traum. Ein großer Zigeuner mit Melone auf dem Kopf hält ein Tablett voller Schalen in den Händen. »Wenn ihr Geld in eine Schale werft, dann werdet ihr geheilt«, ruft er. Ich überlege noch, welche der Schalen ich nehmen soll, als ich Simons Eltern entdecke, die neben einer Decke sitzen. Was ist unter der Decke?, frage ich mich. Ich hebe sie an, und darunter ist Simon. »Wir haben ihn mit der richtigen

Schale geheilt«, sagen sie. Die Trachealkanüle ist fort, doch er ist blass und außer Atem, und sein Gesicht ist jung wie auf dem Hochzeitsfoto. »Warum habt ihr mir nicht Bescheid gesagt?« Ich weine und bin ernsthaft wütend, weil sie mich nicht eingeweiht haben. »Wenn er geheilt ist, dann braucht er frische Luft zum Atmen!« Panisch packe ich ihn und heule dann vor Erleichterung.

Simon und ich rennen von den Decken und Schalen fort auf ein freies Feld, wo um uns herum die Menschenmassen tanzen. Wir küssen einander und lachen, und dann küssen wir alle anderen und nehmen sie fest in die Arme. Unsere Liebe reicht über unsere eigenen Grenzen hinaus, wir sind nun auch mit all diesen Menschen verbunden. Plötzlich läuft ein bärtiger Zwerg vorbei, ohne dass ich verstehe, warum, aber ich weiß, dass kleine Menschen Zauberwesen sind, die ohne besonderen Anlass in die Träume anderer spazieren. Als ich aufwache, bin ich verwirrt, aber ruhig und beängstigend sorglos.

Am Himmel steht ein großer Mond, und an einer Seite strahlt ein weißer Streifen ab. Ich glaube, ich habe gerade meinen ersten Mondregenbogen gesehen, aber ich bin mir nicht sicher, also erwähne ich es nicht. Am nächsten Tag kommt Arden aus der Schule und sagt: »Jack Diamond hat dem Lehrer erzählt, dass er gestern Abend einen Mondregenbogen gesehen hat. Was ist ein Mondregenbogen, Momma?« Es gibt sie nicht oft, aber doch hin und wieder. Vielleicht mache ich mich mit meiner Sippe auf die Suche nach Mondregenbögen, wenn wir uns das nächste Mal an ein nacktes Vollmondbad wagen.

Marian hat ihr Keyboard mit zur Arbeit gebracht und spielt mit flinken Fingern die Titelmelodie aus *The Snowman*. Langsam tanzen die Kinder und ich durch die Küche, sie spielt wirklich gut. »We're walking in the air!«, trällert Sadie mit. Marian lacht, und es fühlt sich an wie Familie.

Ich bleibe stehen und sehe mir den Rummel um mich herum an. Simon sitzt am Kamin und lässt mich seine Nägel schneiden. Die Kinder tanzen. Dieser Tage nehmen die Tagträume eher die Form echter Hoffnungen an. Ich hoffe, dass der Wellengang in der Bucht bald ruhiger wird. Ich hoffe, dass sich an den Stufen zufällig Frauen einfinden, eine nach der anderen, mit Handtüchern, gleich nachdem wir die Kinder an der Schule abgesetzt haben. Vielleicht läuft der Mann mit dem Dudelsack die Felsen entlang und bringt der See ein Ständchen dar, und Hunde laufen hin und her. Unter Umständen streckt Ron, die Robbe, ihren Kopf kurz aus dem Wasser.

Ich weiß, ich werde tapfer sein, solange sich die Wellen brechen. Das tun Wellen nun mal. Ich hoffe, dass es Simon und mir gelingt, nett zueinander zu sein. Die Landschaft mag sich ändern, doch sie ist immer überraschend und schön. Schließlich ist es eine große Liebe, und das tut die Liebe nun mal.

»Momma, magst du Schwimmen ... SO SEHR?!«, fragt Hunter lispelnd vom Rücksitz des Autos. »Natürlich tut sie das«, antwortet Raife. »Schwimmen ist ihr Hippie-Hobby.« Ich bin weder ein Hippie, noch ist es ein Hobby, denke ich schmunzelnd, vielmehr bedeutet es mir alles. Ich werde Madame Moon ewig nackt gegenübertreten, solange sie mir ihr entblößtes Antlitz darbietet. Es ist ein neuer Takt, der aus Urzeiten stammt. Ich folge den Gezeiten und dem Mond. Wenn wir uns ein Stück des Mondpfads schnappen können, dann werde ich nicht zögern. Sondern geradewegs hineintauchen. Ich warne euch, genau wie mit den Wellen selbst, legt euch bloß nicht mit mir an. Ich bin frei.

Vorher

Hallo, Baum. Da bin ich wieder. Ich war etwas verloren für eine Weile, in Trauer verloren.

Ich hatte vor, mit dir zu reden, Baum, aber es war unmöglich. Der Schmerz hat mich verstummen lassen. Meine Innereien schwiegen, Worte wollten sich nicht bilden. Meine Hand mühte sich krampfhaft, Sätze zu formen, den Stift um Wendungen zu schlingen, einen Absatz zum Leben zu erwecken, aber es gelang mir nicht. Die Worte hatten mich verlassen. Oh, wie sehr sehnte ich mich danach, den Stift um Buchstaben gleiten zu lassen. Ich konnte keinerlei Essen schmecken noch meine Körpermitte spüren. Ich bestand nurmehr aus Kopf und Beinen. Ohne Bauch lässt es sich nicht wirklich schreiben, musste ich betrübt feststellen.

Mein Buch wurde veröffentlicht, die Hausfrau wurde zur Schriftstellerin. Farbe sickerte in unser Leben und kitzelte uns wie große Pfauenfedern. »He, Momma, darf ich mir für die Buchvorstellung das Haar färben? Ich will es schwarz färben, so schwarz wie meine Seele«, sagte der achtjährige Arden. Unersättlich verschlingt er Gary-Larson-Cartoons, und es macht ihn zum sarkastischsten Achtjährigen aller Zeiten. Mein roter Briefkasten füllte sich mit Briefen, liebevoll gerichtet an die »Lady in der Bucht«. »Sie bekommen ja ganz schön merkwürdig adressierte Päckchen«, sagte der Postbote missbilligend. Ja, aber der schlaue Postbote findet mich trotzdem immer.

An der Schulpforte scharte sich das Geflüster um die Kriegerin Michelle, zerstreute sich aber, sobald sie in Hörweite war. Ihre Schwestern hingegen sprachen sie offen an: »Wir haben gehört, dass in der Ladies' Cove jetzt so viel los ist, dass sich die traurigen Heldinnen in einem Wurfzelt umziehen müssen. Wirklich! Das ist eine Tatsache! Ist das nicht fürchterlich?«, wisperten die Schulmütter. »Fürchterlich!«, lachte Michelle, als sie mir mit ihrem herrlichen Klingellachen von den Gerüchten erzählte, doch da war kein Platz, um den Klang zu genießen. Halt dir die Ohren zu, denn sie tun weh. Simon wurde krank, und wir alle steckten für zehn volle Wochen in der Krankenhauswelt fest.

Woran dachte ich heute Morgen? Ich weiß es nicht mehr. Woran denke ich jetzt? Keine Ahnung. Krankenhäuser weiden den Geist aus, vernachlässigt verharrt er im Augenblick und starrt in abgegriffene Zeitschriften und an schmutzige Wände. »Hier stinkt's nach saurem Porridge«, mault Sadie. Ja, mein Schatz, in Krankenhäusern stinkt es nach saurem Porridge. Wie spät ist es? Wen kümmert das schon. Neonröhren lassen Tage zu widerspenstigen Minuten verbleichen.

Simon ist so krank. Ununterbrochen löst das Beatmungsgerät Alarm aus. Grüner Schleim wird aus seiner Lunge gesaugt. Man pumpt industrietaugliche Mengen Antibiotika in seinen Körper, trotzdem wird er immer schwächer. Seine entschlossenen Augen brüllen in unbeugsamem Trotz. Es macht seinen Verfall noch niederschmetternder.

Nervös nage ich im Krankenzimmer an meinen Fingern, reiße erbarmungslos die Nagelhaut ab. »Sein Haar und seine Haut sind so perfekt. Er sieht so gut aus. Was für eine seltsame Krankheit, nicht wie Krebs«, lautet das leise Wehklagen seiner Mutter. Die meiste Zeit schläft Simon wie ein Toter. Das Beatmungsgerät gibt Alarm, seine Lippen sind farblos. Aus seiner Lunge ragt eine

Thoraxdrainage, die eine Art graue Masse in einen schmierigen Tupperbehälter ableitet. Mir bleibt nichts als stillzuhalten. *Wir sitzen im Spinnennetz fest*, schreibe ich per SMS an Michelle aus dem Krankenzimmer. *Eingewoben.* Sie schreibt zurück. *In klebriger Substanz eingeschlossen.* Aus den Lungen meines Mannes sickert Flüssigkeit, die aussieht, als habe man einen Pinsel darin ausgewaschen. Darin liegt keinerlei Zauber.

Die Bettwache beginnt. Die Familie rotiert um seine Krankheit in schneller werdenden Kreisen. Wir kreisen auf einem Teller, während wir immer fester eingewoben werden. Wir stecken fest, er steckt fest, er wird weder gesünder noch kränker.

Die Ärzte sprechen von einer ernsten Lungenerkrankung. »Seine Lunge ist hinüber«, sage ich unverblümt, und der adrett gekleidete Facharzt sieht mich an. Sein fester Blick hält dem meinem stand. Ich mag ihn. »Ja, sie ist hinüber«, antwortet er in meinen Worten. Er zeigt mir die CT-Aufnahmen, und ich muss weinen. Was für ein Chaos herrscht in Simons Brust. »Sie müssen sich vorstellen, dass wir seine Brust wie ein Stück Salami in Scheiben geschnitten haben«, erklärt er mir die Bilder. Meine Innereien bestehen aus pürierter rosa Wurstfüllung. Auf der Aufnahme von vor vier Jahren war ein dunkelgrauer Schwamm, besser kann Lungengewebe nicht aussehen. Die Aufnahme heute ist anders. Schaumige weiße, sumpfige Brandungsränder umgeben aberwitzige Grotten voller eingeschlossenem Eiter und Fisteln. Mein armer Mann. Seine Lunge ist hinüber, plötzlich stehen wir hier.

Sadie umarmt ihn, und sein eingefrorenes Gesicht weint Tränen. Hunter jammert, er sei hungrig, und legt sich auf den Boden. Simon ist zu krank, um seine Computerstimme zu verwenden. Mit einer Tabelle und auf Halbmast zuckenden Augenlidern werden Worte buchstabiert. Verflucht sei dieses Leid. Mal ist sein Blick scharf, dann verschwimmt er. Ich bete, dass er einschläft. Der wütende Jack, der pragmatische Raife, der überwältigte Arden. Ich mache mir Sorgen um meine Kinder. Behüte sie und ihre heißen, schlagenden Herzen.

Das Haus fühlt sich leer an, nun, da wir nur zu sechst sind; ohne die Schritte der Pfleger und das Piepen des Beatmungsgeräts wird es von neuen Geräuschen eingenommen. Badezimmertüren stehen offen. Argwöhnisch und benommen schleichen wir in Unterwäsche über die Gänge und schrecken auf vom eigenen Echo. Nachts im Bett legt sich das leere Gefäß der Einsamkeit um mein Herz, und es schmerzt. Ich bin ein lebender, atmender Vampir, dessen Herz nicht schlägt. Ich brauche andere warmblütige Wesen, die mich vor dieser dunklen Umarmung retten, dem kalten Lehm in meinem Herzen. Es ist Panik. Es ist Verzweiflung, es ist alles, was schmierig und schwammig ist.

Als alle, die ich liebe, Qualen leiden, bringt der Sonnenaufgang neue Freude. Fast jeden Morgen sind Michelle und ich Teil des Swimrise-Teams aus dem Happy Pear Café. Wir schwimmen früh am Morgen, wenn die Sonne den Horizont erstmals in Farbe taucht. Die Atmosphäre hat etwas Karnevaleskes, deshalb schwimmen wir manchmal allein in der Dämmerung, wenn wir uns einsam und vom Schicksal geschlagen fühlen.

Meistens stolpere ich morgens mit einem Keuchen aus dem Bett; mein Hals ist trocken, und mein Kiefer wund vom Zähneknirschen. In Decken gehüllt, krabble ich ins Auto, ein verschlafenes Untier, von Träumen, von Sehnsucht und verflucht allem anderen niedergedrückt. Im Dunkeln fahre ich zur Bucht, die Scheibenwischer sausen hin und her, und mein Kopf ist noch beschäftigt mit den Träumen der vergangenen Nacht. Ich liebe diese frühmorgendlichen Bäder im Meer. Sie sind alles, was ich außer der stinkenden Krankenhauswelt, den erschöpften Kindern und dem sterbenden Simon noch habe.

Als ich ans Meer fahre, ist der Himmel rosa und flauschig wie Marshmallows, und kurz glimmt ein Schimmern in meiner Seele auf. Die Schwimmer versammeln sich, und mit kaltem Widerwillen wate ich ins Wasser, um diesen armseligen Körper per Schock wieder funktionstüchtig zu machen. Ich lächle, auf dem Wasser liegt ein Sonnenpfad. Wir blicken aufs Meer, und unsere Gesichter strahlen. Ich bade buchstäblich in der aufsteigenden Sonne, während mein Körper klappert und bebt. Der Vampir ist erlegt, womöglich wurde ich wiedergeboren.

Michelle entdeckt einen neuen Badeplatz. Wir beide stellen fest, wie heilsam andere Menschen und ihre Gesellschaft sind. Da ist Deb, die Lady mit dem Schaffell, und Niall, der mit den Robben schwimmt. Al mischt Kurkuma in den Tee, und Orla baut Riesenkürbisse an. Ed bekam beinahe eine Unterkühlung, als er zu weit hinausschwamm, und wir wickelten ihn in Decken. Die coole Katie paddelt mit dem Kajak hinaus aufs Meer. Julie schleppt einen Lieblingsstein mit sich herum, und die Zwillinge versorgen jeden mit Müsliriegeln und heißem Tee. Susan und ihr Mann haben sieben Kinder und wackeln mit ihren neoprenverpackten Zehen, die in Fünf-Finger-Füßlingen stecken. Sie haben Hände anstelle von Füßen und laufen Marathon. Mit Raj kommen lautstarke Tatkraft und strahlendes Lächeln. Hugo steht auf einer Gummimatte, damit die Füße warm bleiben, und der Hund Casper nimmt einen Bissen davon. Sie geben Casper den Namen Wolfie. Herzen bleiben nicht lange eingewoben. Auch zwischen Wolken gibt es Sonnenaufgänge, und im Meer herrscht reges Treiben. Diese Energie bringt mich durch den Tag, und wenn sie wiederkommen, werde ich auch mit den einsamen Nächten fertigwerden.

Mir wird bewusst, dass mich das Sammeln von Strandgut ein bisschen schrullig hat werden lassen. Meine neue Leidenschaft sind Porzellanscherben aus dem Meer. Delfter Keramik bringt mein Herz zum Klingen. In den komplizierten Mustern erkenne ich Zeichen, in den Sprüngen und Rillen lüfte ich große Geheimnisse. Strandglas und Kraft liegen in der Bucht. Ich spaziere am nieseligen Strand entlang, die Kiesel glitzern im sanften Regen, und entdecke ein Meer an Schätzen. Immer noch besitze ich den unerschütterlichen Glauben an Wunder, denn sie sind es wert, ihnen nachzugehen, sie sind den Versuch wert, sie sind es wert, sich das Herz brechen zu lassen, sie sind jedes verfluchte Risiko des menschlichen Daseins wert. Für mich sind sie es wert.

Manchmal bin ich unendlich müde. Gestern Abend war ich völlig erschlagen. Meine Glieder schmerzten. Auf diese Art erschlagen zu sein ist am schlimmsten. Die Trommeln schweigen, ich bin lebendig begraben. Halte mich fest, ich muss gehalten werden. Da ist niemand, der mich festhält, nur die See. Der Morgen lächelt scheu, und ich lächle zurück, doch ich bin spät dran. Fast habe ich das Bad im Sonnenaufgang verpasst, verdammt, und ich rase aus dem Haus, ehe mich mein Verstand bremsen kann. Es ist ein Handeln rein aus dem Herzen. Pure Verzweiflung. Mehr habe ich in diesem Augenblick nicht, und ganz offensichtlich giere ich danach. Heißt das, ich habe noch nicht aufgegeben? Auf den Steinen werden meine Zehen taub. Die Herbstkälte kriecht mir in die Knochen, und es fühlt sich gut an.

Ich sehe zu, wie sich meine nackten Füße den Weg über verstreute Preziosen und Kiesel bahnen. Strandglas und womöglich sogar Keramik findet sich unter meinen Füßen. Ich folge ihrer Spur wie dem gelben Ziegelsteinweg nach Oz. Welch eklektische Mischung. Ich muss an all diese Dinge glauben, während wir unerbittlich in Krankheit eingewoben werden. Vor Kälte zu zittern und Kaffee zu trinken sind nach wie vor die Highlights meiner Tage.

Halte mich fest, doch vielleicht zerbreche und zerfalle ich in deinen Armen, die geschwächten Knochen zu Staub geworden, morsche Teile, die mich bis ins Mark zerquetschen. Halte mich fest, See, lass mich salzig und glückselig in deiner Umarmung verschwinden.

Bei Tagesanbruch schwimmen wir aus dem Dunkel dem brennenden Gluthimmel entgegen. Die See besteht aus dunklem, kabbeligem Samt, große Wellen schwappen über die Felsen. Ich liebe Morgen wie diese. Das Wasser hat Biss, aber nicht zu viel. Der Körper verwandelt sich innerhalb weniger Augenblicke in betäubte Glückseligkeit. Wie viele Schwimmzüge sind nötig, um Betäubung zu erreichen?, fragen Michelle und ich uns. Jeden Morgen zählen wir die Schwimmzüge, und jeden Morgen wächst ihre Zahl.

An diesem Morgen war das Schwimmen herrlich, aber ich musste eilig aus der Bucht weg. Verstöpselt und zischend lauerte die Trauer in mir. Meine Tränen sind wie der Schleim in Simons Lungen, die Thoraxdrainage ist verstopft, der Druck baut sich auf und sammelt sich in der Brusthöhle. Simon kann sich nicht durch Tränen erleichtern. Er wird nur immer eitriger und kränker.

Ich renne nach Hause. Ein fröhliches Einhorn und ein ernsthafter Hai kommen in ihren bedruckten Morgenmänteln auf mich zu, noch ganz verhaftet in ihrem fantasievollen Spiel. Eine pummelige Hand berührt mein Gesicht. »Warum ist Wasser in deinen Augen, Momma?«, fragt der Hai, während Sadie Einhornsternenstaub herausschnaubt. »Ich bin traurig wegen Dadda«, schniefe ich, und beide unterbrechen ihr Spiel und umarmen mich.

Oktoberfröste, ein klarer Morgenhimmel, eine Linie aus winzigen silbernen Fischen, die tot an die Küste geschwemmt wurden. Sie säumen das Ufer wie eine runde Kuchenkruste. Diese kleinen Fische heißen Sprotten. Wenn die Makrelen sie jagen, hetzen sie ans Ufer geradewegs ins Verderben. Vergnügt kreisen die Möwen über ihnen. Was für Dummerchen, diese Sprotten.

»Wir können nichts mehr tun«, sagen die Ärzte. »Jetzt geht es nur mehr darum, es ihm möglichst leicht zu machen.« Ich höre die Worte und spüre, wie mein Herz birst. Ist da überhaupt noch etwas von meinem Herzen übrig, das bersten kann?

Voll Sehnsucht und Trauer ging ich zur Bucht, es war Flut. Hunter traf ein paar Freunde, Sadie entdeckte ihre nackten Füße. Strumpfsockig ging ich am Ufer entlang, in der Hoffnung auf ein Stück Strandglas, eine Porzellanscherbe. Nur ein einziges, winziges Stück wäre genug. Da bin ich ganz pflegeleicht. »Das Meer sieht heute so glatt aus, als könnte ich mich daraufstellen«, schreit Hunter, und wir lachen. Wir ahnten nicht, dass es die Ruhe vor dem Sturm war.

Mit dramatischer Wucht tost der Hurrikan Ophelia in den Ort Greystones. Draußen nimmt der Wind an Fahrt auf. Gevatter Tod reitet auf dem Kamm einer Viermeterwelle, die Sense geradewegs auf Simon gerichtet. In den Fernsehnachrichten wirkt der Premierminister nervös. Der Beatmungsdruck von Simon baut sich auf wie Sturmböen, Liter für Liter klettert der Sauerstoff den Schlauch hinauf. Vor zwei Tagen habe ich eine Spinne aus der Dusche gespült und sie halb ersoffen unter eine Tasse gesperrt. Sie war ein Riesending. Vielleicht ist das hier die Strafe dafür, dass ich den heißen Wasserstrahl auf sie gerichtet habe.

In der rauen See nach Ophelia liegt ein rosiges Grinsen auf unseren Gesichtern. Es ist großartig, Angst zu haben. Dein an Land gefangener Körper erschaudert beim Gedanken an die Wellen, beim Waten in die Brandung, unter dem Sog, überlässt sich der starken See, die Menschen ebenso unbekümmert davontreibt wie Sprotten oder einen Strang Seegras. Wir sind ihr ausgeliefert, als wir von einer Woge angehoben werden und spüren, wie unsere Beine und Bäuche weggezogen werden. Wogen der Trauer, Wogen der Freude, ich weiß nicht, welche davon mich als Nächstes erwischen wird, von einem Augenblick zum anderen. Schmerz, Hoffnung, Schönheit und Verzweiflung in einem. Ich spüre jede einzelne salzige Welle, immerhin weiß ich, dass ich am Leben bin. Wir haben unsere Seelen dem Meer überantwortet, also mach mit uns, was immer du willst.

Nach dem Sturm herrscht Feierlaune. Der Himmel hat sein Gewicht verloren und errötet vor Wonne. Wenn ich betäubt aus dem Wasser komme, bleibe ich gern in der schaumigen Brandung stehen, die sich um meine vom Salzwasser stechenden Beine schlingt. Die Sonne geht auf, und die weiß funkelnden Kiesel blenden mich.

Der Hurrikan Ophelia kam ihr vor wie ein Zwischenspiel, eine Unterbrechung des wirklichen Lebens, sagt Aifric. Wir kauerten im Haus und starrten mit weit aufgerissenen Augen auf die Bäume, die sich im Sturm krümmten. Jedes morgendliche Bad im Meer erscheint mir wie ein Zwischenspiel. Es ist die größtmögliche

Schönheit, die mir der Tag zu bieten hat. Dann fühle ich mich lebendig.

Ich war davon überzeugt, dass Ophelia gekommen war, um Simon zu holen, doch sein Zustand dauert an. Wie lange noch? Wie lange muss er noch leiden?, wende ich mich flehentlich an den Himmel und weise mich dann selbst zurecht. Die wahre Antwort lautet: Überlasse dich den Wellen, spüre den Sog, denke jeden Augenblick daran, dass Kontrolle reine Illusion ist. Wir alle sind Sprotten, die blind aufs Ufer zurasen. Sind wir im Meer gefangen, haben wir Glück, wenn wir im Angesicht der Gefahr lachen können. Hin und her getrieben werden, den Zusammenstoß überleben. Mit zittrigen Knien herauskommen und in der schaumigen Brandung spielen. Loslassen, einfach nur da sein. Traurig, den Mann zu verlieren, traurig angesichts dieser zerbrochenen Familie, traurig über den Abschied, traurig, weil es so verdammt traurig ist. Ich bin nur eine dumme alte Sprottenphilosophin.

Verstohlen gehe ich in die Krankenhauskapelle, nicht wegen Gott, sondern weil Michelle mir geraten hat, zu meditieren. Ich flüstere Sätze von Deepak Chopra und spüre mein Herz im Gesicht pulsieren. Lass los, Simon, lass Frieden einkehren, flehe ich den Altar an, das Summen der Klimaanlage, den weichen Teppich und die glatten Kirchenbänke, flehe ich alles an, was mir Gehör schenken könnte. Ich bitte sie alle und fühle mich erleichtert. Auf dem Weg hinaus bleibe ich an einem Tisch stehen, auf dem ordentlich gestapelte Gebetbücher liegen. Als ich wahllos eine Seite aufschlage, lese ich: »Und der Verstorbene kam heraus, gebunden mit Grabtüchern an Füßen und Händen, und sein Gesicht war verhüllt mit einem Schweißtuch. Jesus spricht zu ihnen: Löst die Binden und lasst ihn gehen.«

Simon wacht auf, und wir verbringen Stunden damit, sein Zwinkern in Worte zu übersetzen. Ich erzähle ihm von den Angelegenheiten zu Hause, und er fragt, was für eine Suppe Arden zum Mittagessen bekommen hat. Mühsam setzt Marian Buchstabe für Buchstabe zusammen. »Ich liebe dich«, sagt er, und wir weinen beide. »Ich liebe dich auch«, antworte ich. »Geh heim und mach Arden Suppe«, sagt er, also gehe ich. Ich koche Tomatensuppe, seine Lieblingssuppe.

Die Kinder kommen ins Krankenhaus, um sich zu verabschieden. Sie erzählen Simon von dem Glas mit Geleebonbons in der Schule. Derjenige, der die genaue Zahl errät, gewinnt das Glas. Die Schulsekretärin muss sie alle mit Handschuhen auszählen. Der neue Schulleiter ist cool, lacht Jack und redet laut, ganz entspannt mit seinem Vater. Die Zwillinge singen Halloween-Lieder über Hexen und Kürbisse. Simon ist zu krank, um etwas zu sagen, also tippe ich typische Dadda-Worte in seinen Computer und drücke auf die Sprechen-Taste. »Meine fünf verrückten Döspaddel. Vergesst nicht, dass Dadda euch immer lieb haben wird.« Alle weinen auf dem Heimweg. »Ist er dann nur ein Dadda ganz weit weg? Haben wir dann nur mehr dich?«, heult Sadie. »Mein Herz ist gebrochen«, flüstert Hunter. »Er wird nicht da sein, wenn ich aus der Schule komme«, stammelt Arden von Schluchzern unterbrochen. »Ich bin so traurig, dass er das Theaterstück in der Schule nicht sehen wird«, jammert Raife. Ich erkläre ihnen, dass Dadda seinen blöden unbeweglichen Körper los sein wird. Er wird frei sein und tanzen. Simon war immer ein unbeholfener Tänzer. Im Himmel wird er tanzen wie ein Bekloppter. Die fünf Kinder nicken.

Arden hat Basketball geschwänzt und ist mit Aifric in der Bucht gewesen. Er war so wild darauf, mir seine

Schatztüte mit Strandglasjuwelen und die Muschel in Form des Mondes zu zeigen. Ich weiß, dass Schätze helfen. Halte mich fest, See. Umfange mich mit deinen kalten Armen.

Wird er sich mit seinem Atem bis in die nächste Woche kämpfen? In unregelmäßigen Abständen wacht Simon auf, mühsam blubbern und pfeifen seine Lungen. Michelle hat Geburtstag, und die Wellenengel grüßen sie mit weiß gesäumten Flügeln, schwellen an und steigen auf zum gewaltigen Crescendo, ehe sie ohne Erbarmen am Ufer aufschlagen. Wie hilflose Amöben werden wir umhergeworfen, Sprotten, die ins Verderben schwimmen. Wenn wir der Dünung am Horizont begegnen, begrüßen wir sie mit lautem Keuchen. Wir werden hin und her geschubst, der mächtigen See ausgeliefert. Mein Gelächter klingt wie Brüllen, mir ist nicht einmal kalt. Raue Gewässer sind tatsächlich wärmer. Als ich ans Ufer schwimme, ist der Sog gewaltig, und ich stolpere in der Brandung und verliere den Halt, geblendet von der Vanillegischt, die in den Kieseln am Ufer zu Schaum geschlagen wird. Der Sog ist unwirklich wie die Seekrankheit, und meine Augen flackern. Ich habe einen Pony aus Algen, unsere Haare und Körper sind schmutzig und sandig. Winzige Wasserpflanzen bleiben an Haut und Haaren kleben. Michelle, Aifric und ich kauern uns zusammen und blicken zum Himmel. Lichtbüschel strömen durch die Wolken. Diese langen Lichtsäulen nennen wir Gottes Finger. »Vielleicht stirbt er an deinem Geburtstag, Michelle«, sage ich. »Vielleicht«, antwortet sie.

Simon stirbt nicht an Michelles Geburtstag, und wir sind froh darüber. Er kämpft weiter in dickflüssiger Lungensuppe. Die Bettwache wird verstärkt. Tage und Nächte gehen dahin, er aber tut es nicht. Die Trauer schlägt zu wie ein schwerer Felsbrocken. Er landet auf meinem Kopf, und ich sehe Sternchen. Jeden Tag wache ich auf, und wie ein Ziegelstein kracht die Last auf mich herab. Am Abend zünde ich Kerzen an und falle in tiefen Schlaf, doch ich erwache mit einem brutalen Röcheln. Am Strand finden wir einen hässlichen Brocken aus Schlackenbeton und schleppen ihn taumelnd nach Hause. Die Kinder und ich beschließen, etwas Hübsches daraus zu machen. Unser Chefdesigner ist Jack. Sie bestecken ihn über und über mit Kiefernzapfen und setzen winzige Häuschen in die Spalten. Stöckchen und Blätter krümmen sich in kindlichen Neigungen. Ich lese ein Gedicht von Emily Dickinson, das mit den Worten endet: »Abschied ist alles, was wir vom Himmel wissen und von der Hölle brauchen.« Nach der Schule müssen Kürbisse ausgehöhlt und Kekse für die Halloweenparty an der Schule gebacken werden. Wir müssen diese Dinge tun, doch wir tun sie nie, denn am 26. Oktober 2017 stirbt Simon im Alter von dreiundvierzig Jahren.

Nachher

Er starb. Ich war dabei. Wir betasteten seine Augenlider. Von einem Farbfoto verwandelte er sich zu einer angegrauten Schwarz-Weiß-Aufnahme. Ich sah zu, wie das Leben und die Farbe aus ihm wichen. Sein Herz war so stark. Ich klammerte mich an ihn, zählte die Schläge und presste mein Ohr an seine Brust, bis sie verklangen. Noch lange nachdem sein Gesicht tot schien und seine Mutter das Fenster aufriss und brüllte: »Fliege fort, Sohn!«, schlug sein Herz noch immer stark. Ich blieb sehr lange dort.

Es gibt keinen sanften Tod. Der Tod hat mich schwer verletzt, so wie Albträume es tun. Im Sarg machte mir sein Körper Angst, so kalt, so hart, das war nicht er. Kein verborgener Schlupfwinkel Simons war mehr da, kein warmer Spalt, in den man sich verkriechen konnte, in der Armbeuge, der Furche seiner pulsierenden Schläfe. Keinerlei Wärme.

Am Morgen des Begräbnisses gingen wir nackt baden. Drei Meerjungfrauen glitten ins seidenweiche Wasser. Es war ein unausgesprochenes Bedürfnis, ein Geschenk im Halbdunkeln. Glücklicherweise waren wir ein paar Minuten früher dran, bevor das Swimrise-Team auftauchte. Die meisten von ihnen besitzen die falschen Körperteile, um teilzuhaben am Bad der nackten, traurigen Heldinnen.

Am Tag darauf war das Meer rau, eigens für mich, dachte ich, weil ich es nötig hatte, herumgeworfen zu werden. Ich überließ mich den Wogen und ließ los. Danach war ich so müde, dass ich mich ins Bett verkroch. In regelmäßigen Abständen schlich ich mich unauffällig aus Zimmern voller schnatternder Angehöriger, nur um meinen Kopf auszuruhen, doch der Schlaf entzog sich mir, und die Gedanken rasten.

So lange haben wir mit Einschränkungen gelebt. Alles, was ich kenne, sind maschinelle Atemzüge. Die frische Luft lässt mich schwindeln. Neue Höhen lassen mich schwindeln. Ich kann gar nicht atmen. Nach dem Begräbnis riss ich mir die Eheringe so hektisch vom Finger, dass die Haut sich rötete. Sie gingen nicht ab, und ich wurde panisch. Ich hätte mir den Finger abgeschnitten, nur um sie loszuwerden.

Seine Seele hat diese Welt verlassen und eine traurige Lücke hinterlassen. Es ergibt keinen Sinn. Verzweiflung erfasste mich, und ich brachte in Gesellschaft anderer kein Wort heraus. Die Familie blieb da, und ich starrte auf meinen Teller, um ihren besorgten Blicken auszuweichen. Das hatte ich nicht erwartet. Das Gefühl, abgeschnitten zu sein, ist Furcht einflößend. Als schwebe man ins All.

Ich führte Telefonate, um die Sterbeurkunde zu bekommen, rief die Versicherung an und sprach mit einem Mann namens Gary. Er war wirklich nett. »Wir kümmern uns um Sie«, sagte er. »Danke«, erwiderte ich. Ich legte auf und weinte. Die Witwe Fitzmaurice. Mein Beileid. Die Witwe trägt ein Kostüm. Ohne Zweifel gehört eine schwarze Kapuze dazu. Dann doch lieber ins All schweben. Lieber will ich zwischen den Sternen dahintreiben. Ich muss mir diese Kapuze herunterreißen und das Haus neu herrichten. Lasst uns streichen. Ich schleppte Möbel und strich Simons Zimmer grell orange wie ein Sonnenaufgang. Die Jungs zogen mit ihren Stockbetten ein.

»Du musst die Dinge machen, von denen du glaubst, du schaffst sie nicht!«, kreischen wir im Morgengrauen, während wir uns auf den glänzenden Stufen zitternd bereitmachen, ins eisige frühmorgendliche Meer zu springen. Es liegt ruhig da wie ein stiller Tümpel und schwappt unterhalb der letzten Stufe. Kopf voraus stürzen wir uns hinein, sogar ohne zuvor vorsorglich einen Zeh hineinzutauchen. Und ja, Mann, es ist kalt.

Am Samstag nach Simons Totenmesse gehe ich auf eine weitere Beerdigung. Die Mutter meiner lieben Freundin Helen ist gestorben. Deren Krebs hat ungefähr die gleiche Zeitspanne überdauert wie die ALS von Simon, doch ihre vornehme Seele war sanftmütiger und bedächtiger. Sorgfältig hatte sie ihre Trauerfeier geplant. Um den Sarg schließen sich die Vorhänge, und Musik hebt an. Sie haben Simon in die Erde gelegt. Ich habe seinen Körper gesehen, eine leere Hülle. Er ist fort, wir sind hier. Ich muss mein Rudel alleine durchbringen. Wir hätten ihn kremieren sollen, denke ich ängstlich, als sich die Vorhänge zuziehen. Ich will nicht, dass er in der Erde liegt. Ich will mich hinter diese Vorhänge schleichen und zusehen, wie ihr Weidenkorb verbrennt. Ich habe zugesehen, wie Simon gestorben ist. Reißt mir das Gesicht herunter und seht die kräftigen Sehnen und das rohe Fleisch. Vor mir können die Vorhänge nichts verbergen.

Simon wütete bis zuletzt gegen den Tod, und ich trug Verbrennungen davon. Ich habe Narben und werde niemals mehr dieselbe sein. Ich weine, weil ich Angst hatte. Ich fühle mich schuldig, weil er so litt und ich sein Leiden nicht beenden konnte. Ich möchte mich hinter diesen Vorhängen verkriechen und neben ihrem Korbsarg sitzen, in der Hitze des Ofens, zusehen, wie Schattengestalten auf dem kräuselnden Gewebe tanzen. Ich sehe die Silhouetten der Trauernden in den Bänken sitzen, vereint in dunklen Kleidern und Geplauder. Ich könnte überleben hinter diesen Vorhängen, wenn sich nur jemand zu mir hineinkauern würde, aber keiner tut es. Stattdessen werde ich draußen umherziehen, bei Wind, Regen und Unwettern, und meine eigene Seele spüren. Ich will nicht im Haus sitzen und Simon vermissen. Halte mich fest. Ich brauche das Meer so sehr wie einen tiefen Atemzug.

Casper der Wonderdog hat sechs weiße Schweizer Schäferhundwelpen gezeugt, und Michelle bringt sie in die Bucht mit. Sie kreischen wie Möwen und jagen ihre Mutter. Sechs untersetzte weiße Entlein rasen voll ungestümer Freude herum.

Eine Armee an Wohltätern bricht über uns herein mit einem Arsenal an Streuselkuchen und heißen Mahlzeiten. Segne ihre Güte, doch so kann ich nicht weiterleben. Macht die Schotten dicht. Holt die Zugbrücke ein. Gießt heißes Öl von oben herab. Die endlosen Aufläufe in Aluminiumbehältern machen mich nur schwächer. Lieber essen wir in Unterwäsche Fish and Chips und ziehen einen Burggraben um unsere Haustür.

Es muss Hoffnung geben, und es gibt immer das Chaos. Ich ziehe Hoffnung aus kleinen Kindern und Welpen. Eines Tages setze ich den orangen Pinsel ab und beschließe aus einer Herzenslaune heraus, dass wir reif sind für einen Welpen. Ich verabrede mich mit Michelle zu einem kurzen kalten Bad in der Bucht. Der Wind pfeift mir in den Ohren und klatscht auf die Wasseroberfläche. »Ich habe ein paar Welpen im Auto«, sagt sie hinterher grinsend. Alle sechs sehen gleich aus, also hat sie sie mit verschiedenfarbigen Halsbändern versehen. Drei Jungen und drei Mädchen. Ich suche mir das gelbe Mädchen aus, und sie liegt in meinem Arm, als ich nach Hause fahre. Die gesamte Heimfahrt über weine ich. Die Kinder wollen ihr den Namen Hachi geben, aber eigentlich ist sie nicht für die Kinder gedacht. Um den Schlüssel im Schloss der Gefühle zu drehen, ist Hachi nur für mich gedacht. Trauer und Schönheit können nebeneinander bestehen und sich wie Zeltstangen aneinanderlehnen. Ich werde darunter Schutz suchen.

Heute Morgen bin ich aufgestanden, habe den Welpen Hachi begrüßt und dann ein paar Kaffeebohnen gemahlen. Ich schaltete das Radio ein und summte mit. Zum ersten Mal seit vielen Jahren gefiel mir die Melodie. Sadie stürzte in die Küche und schrie: »Momma! Überall ist Weihnachten!« Ich spähte in die Zukunft und spürte Hoffnung. Es ist ein warmes Gefühl im Bauch, außerhalb der Trauer, die so leer ist. Die heilenden Kräfte eines Schäferhundes. Ich trug mein Wolfsjunges hinaus zu meiner roten Gartenbank und lächelte. Wenn alles verloren ist, dann kann ich immer noch der freien Natur lauschen. Die Worte sind zu mir zurückgekehrt. Mit den Worten in meinem Kopf werde ich mich vorwärtskämpfen. Danke, Bank, danke, Hachi, danke, Baum.

Danksagung

Aifric Aiken und Michelle Griffin, über euch beide habe ich genug nette Worte verloren, danke trotzdem, dass ihr euch mit einer Freundin abfindet, die darauf besteht, über ihre Freundinnen zu schreiben. Sie hat *was* getan? Was für ein *Miststück!*

Unsere Superhelden in Australien: Cath, Daragh und Theo Monaghan. Telefone taugen nichts, in meiner Seele aber singt ihr Tag für Tag laut und vernehmlich; bestimmt ist es irgend so ein Indie-Mädchengeträllere, wie Cath und Simon es lieben.

Matt und Mary Darby: Ich werde immer sein wollen wie ihr.

Phil »Six-Pack« McDarby, ein in so vielerlei Hinsicht begabter Mensch, dass es schon erschreckend ist. Hör niemals auf, mich zum Lachen zu bringen, selbst wenn ich in Embryonalhaltung winselnd und bettelnd am Boden liege.

Galen English, diese geradezu absurd gut aussehende Autobatterie, der noch dazu wirklich hübsche Kinder hat. Du bist einfach umwerfend.

Marian »Angel« Condron, mit dir ist das Universum unendlich viel besser, also fahr bitte vorsichtig.

Mick »Moonhead« Minogue, ich freue mich, dass es dich gibt. Ich habe dieses Buch geschrieben, um dich zu beeindrucken.

Kathryn Kennedy und Frankie Fenton, ohne euch hätte ich nie … nein, halt, das ist eure Geschichte, nicht meine. Ich wünsche euch von Herzen alles Liebe. Bitte, nennt das Baby nicht Emily, selbst wenn es ein Mädchen wird. Mit euch und Lesley McKimm passieren die wildesten Dinge. Ich habe mich damit abgefunden.

Paula »Amazon« Cousins, du hast Simon dorthin geführt, wohin ich ihn nicht bringen konnte. Außerdem würdest du garantiert beim Armdrücken gewinnen. Ich werde dir immer dankbar sein.

Ein paar besondere Persönlichkeiten aus Ladies' Cove: die beeindruckenden und unglaublichen Brüder Sean und Jack Diamond, die großartige Holly Doyle, Anita und Soren Griffin, Maire Giblin, Margie Desmond, Helen Coughlan, Yasmin Fortune, die Strandglas-Lady Nancy Falkow McBride und der Seetang-Gentleman Mark Lawlor.

Yvonne Leon und Treasa Gibney, was für ein Glückspilz bin ich, dass ihr meine Freunde seid.

Das Happy Pear Café, famoses Herz von Greystones.

Roisin Ingle, du hast mich im Badeanzug in die *Irish Times* gebracht. Wie konnte das nur geschehen? Du bist ein wunderbarer Mensch und eine großartige Autorin, mit dem dazugehörigen Herzen.

Meine Agentin Sarah »Canadian badass« Williams von der Agentur Sophie Hicks, mit dem besten Sinn für Humor, du hast es einfach immer begriffen.

Clara Farmer von Chatto & Windus, ich bin so erleichtert, dass gerade du mir beim Schreiben geholfen hast. Und Charlotte Humphery, deine Eloquenz hat den Redaktionsprozess ganz und gar schmerzfrei gestaltet.

Emma Norton, Jennie Scanlon und Chelsea Morgan Hoffmann von Element Pictures, drei erstaunliche Frauen, denen noch viele Abenteuer bevorstehen.

Alison McKenny, würdest du in Greystones leben, dann würden wir dich schon noch zum Schwimmen bringen.

Meine leidgeprüften Eltern, »Was hast du jetzt wieder

über uns gesagt?«, Pat und Dave O'Neill. Entschuldigt, aber ihr seid selber schuld.

Catherine O'Neill, Gott sei Dank habe ich eine Schwester wie dich.

Mein Bruder Joe O'Neill: Die Kinder und ich würden dich am liebsten in eine Kiste stecken und für immer und ewig in der Küche halten. Es ist mir egal, wenn das gruselig klingt.

Die anderen Brüder John, David und Michael O'Neill: Ohne euch sind Brettspiele einfach nicht das Gleiche.

Mein lieber Mann Simon Fitzmaurice. »Es ist total abgefahren, in deinem Kopf zu stecken, Ruth. Es hat mir Angst eingejagt, und ich musste aufhören zu lesen.« Dein Kompliment hat mich schwindeln lassen.

All die *Lackaffen, Freaks, Streber, Schlampen, Loser, Nieten, Vollpfosten und Schwachmaten*, die je über unsere Schwelle getreten sind, ich finde euch großartig. Ihr seid *mega*.

Unsere gesammelte Kindersippe: Sofia, Ava und Isobel McDarby, Kai, Tasiana, Levi und Bodhi Griffin English, Jack, Raife, Arden, Sadie und Hunter Fitzmaurice. Was seid ihr nur für eine fröhliche Schar Herzen brechender und arschtretender Lachmonster. Ich hoffe, aus euch werden nie rationale, wohlanständige Erwachsene. Hab ich das wirklich laut gesagt?

Danke euch allen, und verzeiht, wenn ich euch jemals zum Weinen gebracht habe.